菅原 智
sugawara satoru

未来を変える受験勉強

フリーターが独学で偏差値を「42」から「82」に上げた！

新評論

まえがき

　本書を手にしたあなた、受験に対して、かなりの不安感を抱いていることでしょう。受験生は、みんな不安な気持ちを抱えているのです。

「勉強しなくちゃいけないのは分かっているのに、やる気が出ない」
「自分は、頭がよくないから合格なんて無理だ……」

　実は、私も同じように感じていました。毎日が不安で、何もしないまま時間が過ぎることもありました。でも、ある時、気が付いたのです。不安だから何も行動ができないのではなく、何も行動をしないから不安になるのだということに。

　受験勉強はスタートが肝心です。自転車に乗る時も、最初はペダルを強く踏まないと動き出しません。でも、一度前に進み始めてしまえば、あとは軽い力で走り続けることができるのです。そして、「合格」という受験のゴール、それもより遠くのゴールに辿り着くためには、一日も早くスタートを切る必要があります。
　受験勉強をどのように始めていいのか分からなかった私は、スタート地

点でしばらく足を止めたままとなっていました。そのため、現役生の時、第一志望校に落ちてしまいました。その後、塾や予備校には行かずに独学で受験勉強をしました。いわゆる「自宅浪人」です。

　受験費用を捻出するためにフリーターとして働いていたので、勉強できる時間は限られていました。効率よく勉強する方法を試行錯誤した結果、偏差値が「42」から「82」に上がり、数英理で全国6位にもなりました。そして、1年間の浪人生活後、第一志望校の東京工業大学に合格することができたのです。

　なぜ、私が自宅浪人でも合格することができたのか。受験への心構えからやる気を保つためのコツ、そして勉強計画の立て方まで、受験勉強を始めるために必要なエッセンスを、本書に余すことなく盛り込みました。また、各章末には、本書の内容を具体的な行動にするための**ワークシート**を掲載しました。本書を読み終えた時には、受験日までの勉強計画が完成し、勉強する習慣が身についているはずです。行動を起こすことにより、今の不安感が払拭できることを保証します。

　大きな困難を乗り越えた時、人は成長します。受験を通して強くなった私は、大学入学後も、次のような目標を次々と実現することができました。

- 塾講師として、数多くの受験生を第一志望校に導いた。
- IT系講師として、「顧客満足度日本一」などの賞を4年連続で受賞した。
- 何と言っても、本書を執筆することができた。

　合格する力は、夢を叶える力になります。私は、これまで3,000人以上の学生や社会人を指導してきました。そして、知識やスキルをもっている人が必ずしも成功できるわけではないということに気が付きました。夢を叶えられる人はみんな、勉強や仕事への姿勢、そして日常生活のあるべき習慣が身についています。

　いまや、大学卒業生の2割が進路未定のまま卒業し、就職ができたとし

ても数年で離職する人が増えているという時代です。まして、変化の激しい社会情勢に適応していくためには、新しいことを習得する力や、困難を乗り越える力が求められることは間違いありません。

　小手先のテクニックで受験を乗り越えたとしても、就職活動や大学卒業後の生活においてそのテクニックに頼り続けることはできないでしょう。志望校に合格するために、そしてあなたの夢を叶えるために、本書が役立つことを望んでいます。

　とはいえ、やる気が出ないと悩んでいる人も多いことでしょう。でも、本当にやる気のない人は、できない自分にイライラすることはありません。あなたは、やり方を知らないだけで、やる気がないわけではないのです。そもそも、本書を手に取ってくださったことが、前に進もうと思っている証拠なのです。

　習慣は、すべて後天的なものです。あなたは、自分の意志で悪い習慣を取り除くこともできれば、強くなるための習慣をつくり出すこともできるのです。今はできないことでも、常に意識することで、次第に無意識のうちにできるようになるのです。私が指導した生徒も、受験をきっかけに、弱い自分に勝つことができました。ここで、そんな生徒達の声をいくつかご紹介しておきます。

「1日2時間勉強するのも嫌だったのに、今は10時間勉強しても苦にならなくなりました。勉強計画が明確になったことが、勉強の習慣化につながったのだと思います」(S・K)
「菅原先生に出会っていなかったら、今頃ダラダラと勉強していたかもしれません。しかし、勉強が習慣化されるにつれて楽しくなってきました。この『習慣化』は、今後の人生を変えるかもしれません」(K・I)
「私は自宅浪人なので、毎日が不安と孤独感でいっぱいでした。実際に自宅浪人を乗り越えた菅原先生のアドバイスは私の胸に響くものばかりで、心を強くもてるようになりました。私も精いっぱい頑張ります！」(H・S)

「受験への心構えが変わったことで、自然と机に向かえるようになりました。私のような受験生はたくさんいると思うので、これからもたくさんの人に指導を広げてもらいたいと思います」（E・M）

「勉強計画を立て、達成率を出すことがやる気につながりました。こうして数字を見ると、目標に到達して大学に合格できるイメージが湧いてきます。第一志望校も夢じゃないと、前向きな気持ちになれました」（A・S）

「菅原先生には、受験だけでなく日頃大切にしないといけないことも教わりました。特に印象深かったのは、ほかの人に優しく接してもらうためには、まず自分が相手に優しく接してあげることだということです」（S・N）

「今までは、何となく受験勉強をしていて不安でした。でも、勉強計画を立てることで、自分に何が足りないのかを確認することができました。何をすべきかが明確になったことが、前を向くきっかけになりました」（M・Y）

「受験は、勉強法だけではなくて心構えが必要だということが分かりました。受験は一人で戦うものではないのだと、考え方が180度変わりました。私を支えてくれている人たちのためにも、頑張って合格します！」（Y・K）

　受験は自分を強くするチャンスです。ひたむきな努力を積み重ね、汗と涙を流して頑張り続けて下さい。そうすれば、大学に入ってから、そして社会に出てからも「輝く人生」があなたを待っているのです。あなたの未来を変えるのはこの瞬間です。今すぐ行動を起こすか、起こさないか。この小さな違いが、あなたの運命を大きく変えることになるでしょう。

　さあ一緒に、合格への第一歩を踏み出しましょう！

もくじ

まえがき 1

第1章 自らやる気を引き出す「心構え」 17
──心のスイッチが入らないのはなぜ？

▶夢にワクワクしていた頃を思い出してみよう　18

▶自分への欲が頑張るエネルギーになる　19

▶夢が見つからない時は今できることに全力を注げばいい　19

▶考えと行動を意識しよう　21

▶影響が及ぶところに意識を集中しよう　22

▶周りのせいにする癖をなくそう　23

▶受験勉強における最大のライバルとは　24

▶自分に合ったやり方で大丈夫！　25

ワークシート1　「自分」と向き合ってみよう！　27

第2章 大きく差をつける時間と習慣の「知識」 35
――合格する受験生に共通する時間の使い方とは？

- ▶「悪い習慣」の引力を振り切ろう 36
- ▶時間を制する者が受験を制す 37
- ▶「今」を大切にしよう 38
- ▶時間を二つの軸で管理しよう 39
- ▶限られた時間を効率よく使うよりも無駄な時間を捨てる 41
- ▶自宅浪人で合格した私が実践していた習慣 42
- ▶やる気に満ちた状態で1日をスタートできる習慣 44
- ▶習慣を変える時の五つのポイント 45
- ▶新しく目標を立てる時の三つのポイント 47

ワークシート2 「現状」を知ろう！ 49

第3章 頑張る自分であり続けるための「自己管理術」 53
―― 自宅浪人でも第1志望校に合格できた秘訣とは？

▶学力はプライドに比例する　54

▶1週間で生まれ変わった受験生の話　55

▶運は努力した人間にやって来る　57

▶自宅浪人していた私の生活スタイル　58

▶勉強習慣を身につけるための七つのテクニック　60

▶今の実力でできるかどうかを判断するな！　64

▶夢や目標を宣言しよう　65

ワークシート3　「目標」を宣言しよう！　67

第4章 夢を現実にする「勉強計画法」 71
―― 今まで計画どおりに勉強できなかったのはなぜ？

▶勉強計画を立てるための五つのステップ　72

▶夢を叶えるためにマイナス思考を大切にしよう　75

▶やる気が続く勉強計画の立て方　77

▶ギリギリの勉強計画を達成し続けて失ったもの　80

▶私を失意のどん底から救ってくれた1曲の歌　83

ワークシート4　「目標と現状の差」を考えよう！　86

第5章　限られた時間で結果を出す「勉強法」　93
――それぞれの時期で注意すべきポイントとは？

▶成果が出ない人に共通する間違った勉強法　94

▶覚えることが苦手な人のための暗記法　97

▶関連することはまとめて覚えよう　99

▶理解には三つのレベルがある　101

▶問題集を選ぶ時のポイント　103

▶導入期（中間・期末試験レベル）の勉強法　104

▶洗練期（センター試験・一般私大レベル）の勉強法　108

▶完成期（国公立2次試験・難関私大レベル）の勉強法　110

▶英語の勉強法　113

▶数学の勉強法　115

- ▶国語の勉強法 118
- ▶理科の勉強法 120
- ▶社会の勉強法 121

ワークシート5 「勉強計画」を立てよう！ 124

第6章 もっと頑張れる自分になるための「人間関係力」 131
――夢に向かって一緒に頑張れる仲間をつくろう

- ▶個人の力には限界がある 132
- ▶協力できる仲間をつくるための考え方 135
- ▶相乗効果を生むための人間関係術 136
- ▶「自分への欲」を「他人に向かう欲」に育てよう 140
- ▶ありがとうの気持ちを忘れない 141
- ▶一生消えることのない私の後悔 142
- ▶周りのために行動してみよう 144

ワークシート6 「仲間」に感謝しよう！ 145

第7章 受験後も成功し続けていくための「サクセスシンキング」 149
――プラス思考を超える成功思考とは？

▶困難を乗り越えるための「サクセスシンキング」とは 150

▶合格して夢をつかめる受験生の共通点 151

▶学校の先生が考える成功の秘訣 153

▶周りの期待をコントロールしよう 156

▶PDCAサイクルを回そう 157

▶当たって砕けた時に手に入るもの 160

▶二つの視点のバランスをとろう 161

▶夢を諦めかけた時に思い出してほしいこと 162

ワークシート7　「成果」をまとめよう！　164

付録①　受験生の合格体験記　168

付録②　性格・行動パターン診断テスト 結果　172

AAAAタイプ のあなたは……
自分にも周りの人にも誠実に接するまとめ役　174

AAABタイプ のあなたは……
陽気でエネルギッシュな人気者　175

AABAタイプ のあなたは……
優しさをもって周りに接する人気者　176

AABBタイプ のあなたは……
誰とでも仲良くできる人間関係のプロフェッショナル　177

ABAAタイプ のあなたは……
仲間と一緒に地道な努力を続けられるまとめ役　178

ABABタイプ のあなたは……
何でもそつなくこなせる多才なオールラウンダー　179

ABBAタイプ のあなたは……
熱心に仲間をまとめることができる人気者　180

ABBBタイプ のあなたは……
どんな困難にもエネルギッシュに立ち向かうリーダー　181

BAAAタイプ のあなたは……
現実をしっかり分析できて頼りになるまとめ役　182

BAABタイプ のあなたは……
鋭い分析力で一人でも進んでいける1匹オオカミ　183

BABAタイプ のあなたは……
温かいコミュニケーションを大切にするまとめ役　184

BABB タイプ のあなたは……
　思いやりの気持ちで周りを支える縁の下の力持ち　185

BBAA タイプ のあなたは……
　自分と周りを盛り上げて成功を収めていけるリーダー　186

BBAB タイプ のあなたは……
　自分の力だけで困難を乗り越えていける1匹オオカミ　187

BBBA タイプ のあなたは……
　強い信頼関係を築いて仲間を引っ張っていくリーダー　188

BBBB タイプ のあなたは……
　豊かな想像力で周りを支える縁の下の力持ち　189

付録3　1週間の勉強記録シート　190

あとがき　192

未来を変える受験勉強
――フリーターが独学で偏差値を「42」から「82」に上げた！――

第 1 章
自らやる気を引き出す「心構え」

心のスイッチが
入らないのはなぜ？

東京工業大学のキャンパス

夢にワクワクしていた頃を思い出してみよう

「どうして空は青いの?」

きっと、誰にでもこんなことに疑問を抱いた頃があるでしょう。小さい頃は、新しいことを知るたびにワクワクしましたよね。ところが、小学生になるとテストで学力を試されるようになり、中学生や高校生になれば受験を見据えた勉強が始まってしまい、かつてのワクワク感はなくなってしまいます。もともとは興味のあることを知るためにしていた勉強が、いつしか点数や偏差値のための勉強へと変わっていくのです。

これでは、勉強が嫌いになってしまっても仕方がありません。でも、誰にだって勉強することが楽しいと感じていた時期があるわけです。実は、ここに勉強へのやる気を引き出すヒントがあるのです。

あなたは、子どもの頃の夢を覚えていますか? プロ野球の選手やお花屋さん、いろいろな夢が聞こえてきそうです。テレビに映っているヒーローに憧れて、その身振り手振りを真似していた人もいるかもしれません。誰にでも、夢にワクワクしていた頃があるのです。

ところが、大人になるにつれて、「普通」や「当たり前」という常識で形成された壁を自分で築きあげていってしまうのです。人と違うことを恐れ、失敗を避けながら、知らないうちに無難な道を歩もうとするわけです。自分で限界を決めてしまっては、越えられる壁も越えることができなくなってしまいます。

夢にワクワクしていた頃を思い出してみて下さい。私も、小さい頃の夢は何だったのだろうと、昔の思い出の品を探してみました。すると、幼稚園に通っていた頃に書いた「将来の夢」という画用紙が出てきたのです。

私の小さい頃の夢、それは「キリン」でした。両親はさぞかし心配したことでしょう。でも、洋服やオモチャなど、いつも身の周りに黄色いものを置いてワクワクしていたことは今でも覚えています。こんな私でも、今

までたくさんの夢や目標を実現することができました。夢の中身は変わっていっても、ワクワク感を見失わずにいることが大切なのです。

自分への欲が頑張るエネルギーになる

　ここからは、今現在の夢や目標について考えてみましょう。
「本を読むのが好きだから、将来は作家になりたい！」
「たくさん稼いで、大きい家とかっこいい車が欲しい！」
「経営学を勉強して、いつか自分の会社をつくりたい！」

　夢や目標は、言うまでもなく人それぞれです。この「なりたい」、「欲しい」、「したい」という欲望は、大きなエネルギーになります。誰にでもその人なりの欲があり、それを実現するために日々頑張っているわけです。
　欲があることを悪く考える人もいます。でも、世界中が欲望のない人ばかりだったら、どうなってしまうでしょうか。みんなが現状に満足して歩みを止めてしまえば、その人はもちろん、広い意味では世界全体が成長しないままとなってしまうのです。
　欲望は成長へのエネルギーです。最初は「お金持ちになりたい」という正直な欲でも構いません。自分に素直になって、エネルギーの素になるような欲を考えてみましょう。

夢が見つからない時は今できることに全力を注げばいい

　夢や目標が見つからずに悩んでいる人も多いでしょう。私が以前、フィリピンの大学に出張した時、学生から次のような質問をされたことがあります。

「日本はGDPが高くて豊かな国なのに、将来の夢や希望をもった子どもが少ないと聞きます。それはなぜですか？」

フィリピンの学生達に将来の夢を尋ねてみると、
「学校の先生になりたい！」
「IT系の企業に入って金持ちになる！」
「医者になって、たくさんの人を痛みから救う！」
と、全員が目をキラキラさせて、それぞれの夢を答えてくれました。日本の学生に聞いたら、どのような答えが返ってくるのでしょうか。

フィリピンの学生にとって、夢は生活に直結しています。朝から晩まで、路上で生活するしかない貧しい人もたくさんいる国ですから、屋根の下で生きていくためには収入を得るという夢が必要なのです。

でも、日本は違います。日本は、夢をもたなくても生きていける豊かな国なのです。それに、夢をもつことや目標を決めることは、自分自身にプレッシャーを与えることになるため、日本人は夢をもたなくなったのかもしれません。

夢や目標が見つからない人もたくさんいるでしょう。でも、どうか焦らないで下さい。夢をもっていることがよい、というわけではありませんから。ただ、夢や目標に向かって頑張っているほうが人生は楽しくなる、ということは確かです。

夢が見つからない時はどうすればよいのでしょうか。それは、今できることに全力を注ぐことです。そして、夢につながることはないかというアンテナを張りながら、いろいろなことに挑戦して下さい。学校の授業や、部活に本気で取り組むのもいいでしょう。必死に受験勉強をするなかで、自分に向いているものや、興味をもてるものが見つかるかもしれません。

夢は、他人によってもたされるものではなく、自らが抱くものです。目の前のことに全力で取り組み続けることで、必ずやりたいことが見えてくるはずです。

考えと行動を意識しよう

　書店で学習参考書の棚を見てみると、勉強法の本が所狭しに並べられています。しかし、勉強法ばかりを追い求めてみたが、長続きしなかったという経験はありませんか？

　私達の生活は、「考えること」と「行動すること」の二つで構成されています。これは、受験についても同じです。強い受験生になるためには、どのように考え、どのように勉強していくのかという二つの面を意識しなければなりません。たとえるなら、心構えは右側のタイヤで、勉強法は左側のタイヤです。片方のタイヤだけを動かしても車は前に進まないのです。合格に向かって前進していくためには、両方のタイヤをバランスよく動かす必要があるのです。

　勉強法ばかりを意識せず、勉強に対する心構えをしっかりともって下さい。正しい心構えがあってこそ、勉強法が活きてくるわけです。考え方を変えれば行動が変わります。そして、行動が変われば結果が変わります。ここからは、受験を乗り越えるために必要な心構えについてお話ししていきます。

湯島天神

影響が及ぶところに意識を集中しよう

「ジリリリリ……」

目覚まし時計に布団から追い出され、急いで準備をして家を出ると、外はザーザーと降りしきる雨。こんな時、

"こんなに雨が降っていたら、なんだかやる気がなくなっちゃうなぁ"

なんて感じることもあるでしょう。その気持ちはよく分かりますが、このような考え方はすぐに改めて下さい。そうでないと、これからも意味のないことを考えるために、たくさんの時間を費やしてしまいますから。

あなたの周りに起こる出来事には、あなた自身の力で変えられることと変えられないことがあります。雨が降っているという事実は、あなたが頭の中でいくら考えをめぐらせても決して変わることはありません。変わることのない現実をいつまでも考え続けて悩むのは、時間の無駄でしかありません。

変わらない事実は、「仕方がない」と受け入れてしまいましょう。そして、あなた自身の力で変えられることだけに意識を集中するのです。もし、天気が悪いのであれば、

"雨に濡れても大丈夫なように、念のためタオルを持って出掛けよう"

というように、あなた自身ができることを考えるわけです。

受験勉強を続けていると、調子が悪くなったり、運の悪いことが重なったりする時が必ずあります。その時、悪い状況を受け入れようとする心構えができていれば、対策を練る余裕をもてるはずです。大切なことは、あなた自身が、何ができるのかを強く意識し、行動することです。そうすれば、必ず状況は少しずつ好転するはずです。

雨は、いつか上がります。そして、雨が上がったあとにはきれいな虹が

広がるかもしれません。ほんの少しの発想の転換が、時に状況を大きく変えるエネルギーになるのです。

周りのせいにする癖をなくそう

家族や友達、恋人とケンカをしたり、傷つくようなことを言われたりすると、

"もう少し優しくしてくれてもいいのに……"

なんて感じることもあるでしょう。でも、他人を簡単に変えることはできません。先に書いた天気と同じように、他人もあなたの影響が及ぶ範囲の外にあるものです。

あなたが変えられるものはあなた自身だけです。誰かを変えたいのならば、あなた自身が変わるしかありません。もし、誰かに優しくしてほしいのなら、まずあなたが優しくしてあげることです。そうすれば、周りの人も自然とあなたに優しく接してくれるようになります。

問題が起きた時には、その原因はすべて自分にあると考えて下さい。周りのせいにする癖がついていると、人間関係だけではなく受験にも悪い影響が出てしまいます。例えば、模試の結果が悪かった時のことを考えてみましょう。

周りのせいにする傾向がある人は、無意識のうちに問題のせいにしたり、採点者のせいにしたりして「自分は悪くない」とごまかしがちです。これでは成長できません。模試の結果を素直に受け止めて、その原因を分析し、自分の弱点を克服することが大切なのです。周りのせいにする癖をなくすことが、あなたの成長につながるのです。

受験勉強における最大のライバルとは

　あなたには、受験勉強におけるライバルはいますか？「この人に勝ちたい！」という人を頭に思い浮かべてみて下さい。そのライバルは、あなたにどのような影響を与えていますか？　ライバルが頑張っている姿を見て、

"あの人は毎日10時間も勉強しているのに、自分は全然できていない"

と、落ち込むことがあるかもしれません。逆に、模試でライバルに勝った時には、嬉しくて舞い上がっちゃうこともあるでしょう。

　ライバルを意識する気持ちはよく分かりますが、それで一喜一憂してはいけません。相手がケアレスミスで点数を取れなかっただけかもしれませんし、受験本番では、ライバル以外のたくさんの人と勝負をしなくてはいけないのですから。

　受験では、ほかの受験生と同じ試験を受けて、より高い点数をとれた人が合格、とれなかった人が不合格となります。そのため、多くの受験生が「ほかの人に勝たなくちゃ」と考えてしまいがちですが、それは大きな間違いです。あなたは、志望校の合格ラインを超えることさえできれば合格ができるのです。志望校を受験する人達の学力が急に変わることはありません。ですから、周りのことは気にせず、志望校の合格ラインだけを意識すればよいのです。

　それでは、あなたは誰を目標に頑張ればよいのでしょうか。それは、あなた自身です。身近にいるライバルが、急に学力を伸ばすこともあるでしょう。でも、そんなことを気にしても意味がないのです。繰り返します。受験勉強は、あなた自身が合格ラインを超えられるかどうかだけが大切なのです。ライバルが成長するかどうかは、あなた自身の成長には関係のないことなのです。絶えず成長を続けていくために、過去のあなた自身を越え続けることを意識して下さい。

1日1日を大切に過ごしましょう。朝起きた時の自分より、夜寝る時の自分のほうがほんの少しだけでも成長するように。これを毎日繰り返していけば、試験を受ける頃のあなたは今よりもずっと強くなっているはずです。

　"比べなくちゃいけないのは、周りの人じゃなくて過去の自分なんだ"

　このことに気付いただけでも、今日は一歩前に進めたことになります。

自分に合ったやり方で大丈夫！

　先ほど、過去の自分に勝ち続けていこうというお話をしました。早速、「今日から全力でやるぞ！」と意気込んだ人がいるかもしれません。頑張れば、その分だけ前に進むのですが、いきなり全力で頑張ろうとした人は要注意です。短時間で高まったやる気というのは、同じく短時間で下がってしまう傾向があるのです。

　友達が勉強を頑張っている様子を見て、焦ったり、その友達のように頑張ろうとしたりしたことはありませんか？　でも、自分にとって無理なことを始めても長続きはしないものです。周りと同じようにやってみても、うまくいかないことだってあるのです。

　受験勉強は、スタートラインもバラバラなら、ゴールとなる志望校だってバラバラなのです。まして、人によって得意なことや好きなことは違うものです。つまり、ほかの人の勉強法があなたに合うとは限らないのです。やみくもに勉強する前に、自分に合った生活スタイルや勉強法を探すことが長続きの秘訣となるのです。

　このあとに掲載した**ワークシート1**には、あなたの性格や行動パターンを診断するテスト、そして自分自身について考えるヒントを散りばめておきました。頭の中だけで考えるとアイデアは次々と消えていってしまうの

で、実際に書きながら考えることが大切です。紙に書くことで、頭が答えを出すために一生懸命働いてくれるのです。

　心の底にあるやる気の源を探り、あなたに合った無理のない勉強法を知ることで、じっくりとやる気を高めていきましょう。心の底から引き出されたやる気は、長続きするものです。

　あなたは、孫子（そんし）という人物を知っていますか？　孫子は中国古代の武将で、国同士が戦（いくさ）によって勢力を争っていた春秋時代（BC770〜BC403）に多くの業績を残した兵法の天才です。彼の思想や戦術は、日本の戦国武将をはじめ、2500年経ってもなお多くの人々に影響を与え続けています。そんな孫子の言葉は、今を生きている私達にも知恵を与えてくれます。
「敵を知り、己を知らば、百戦危うからず」
　敵の実力や状況など、相手の情報を詳しく調べること。そして、味方の実力やとるべき戦術をよく考えておくこと。この二つが戦に勝つためには重要だ、と孫子は述べています。
　志望校のレベルや過去問の出題傾向など、受験情報を調べている受験生はたくさんいます。ところが、自分に合った勉強スタイルを探そうと試行錯誤したり、行動パターンを調べたりしている受験生は少ないでしょう。あなたも、己を知ることで「受験」という戦に勝てる兵法を身につけた受験生になって下さい。

あなたに合ったやり方でやる気を引き出そう！

ワークシート 1 「自分」と向き合ってみよう！

自分の性格・行動パターンを知ろう

　受験勉強には、このやり方が正しいというものはありません。また、やる気を保つための方法も、人によって「合う」、「合わない」があります。考え方や好きなことがみんな違うように、その人に合った勉強のスタイルだって違うわけです。

　大切なのは、あなたに合った勉強スタイルを知ることです。自分の性格や行動パターンに気付くことで、あなた自身がこれから効率よく受験勉強を進めるためのヒントが見えてきます。まず、性格や行動パターンを心理学的に分析するための診断テストに取り組んでみましょう。

　診断テストは、2択の質問が12問あります。それぞれの質問で想定されている状況において、自分が実際にどのような行動をとるかという観点でAかBを選んで下さい。理想的な行動や、周りに求められる行動を考えて答えないようにして下さい。それぞれの状況でAとBを比較して、あなたの行動、考え、気持ちを最もよく表しているものを○で囲んで下さい。

①お昼の時間は……
　　A．グループで食事をするほうである。
　　B．1人で食べるか、親しい友達と2人で食事をするほうである。

②友達や先生と1対1で話をする時は……
　　A．話を聞く側に徹するほうである。
　　B．相手の言いたいことを予測して、口を挟むほうである。

③友達と電話をする時は、たいていの場合……
　　A．用件だけを話して手短かに終わる。
　　B．世間話などを話して、切るまでに時間がかかる。

④勉強しやすい机は……
　　A．きれいに整理整頓されていて、誰が見てもどこに何が置いてあるかが分かる机である。
　　B．バラバラと散らかっているようでも、自分には分かる方法で整理されている机である。

⑤友達に何かをお願いする時、たいていの場合……
　　A．気楽に頼める。
　　B．なんとなく気が引ける。

⑥友達はあなたのことを……
　　A．今を大切にする人だと思っている。
　　B．将来を大切にする人だと思っている。

⑦友達はあなたの行動を見て、きっと……
　　A．冷静沈着だなぁと思っている。
　　B．思いやりがあるなぁと思っている。

⑧学校や塾の先生に、毎日の勉強スケジュールを立てるように言われた場合……
　　A．やるべきことが分かりやすくなってよいと思う。
　　B．行動を縛られているようで窮屈に思う。

⑨難しい問題を解いている時に人に話しかけられると……
　　A．気分転換ができて、ホッと和やかな気持ちになる。
　　B．考えるために、できれば1人にしておいてほしいと思う。

⑩将来やりたい仕事は、どちらかと言えば……
　　A．自分の経験を活用できて、慣れやすい仕事である。
　　B．新しい技術や考え方が必要とされる挑戦的な仕事である。

⑪好きな先生は、どちらかと言えば……
　　A．シンプルで分かりやすい説明をしてくれる先生である。
　　B．誠実で、生徒を感動させてくれる先生である。

⑫あなたが好きな部活動の環境は……
　　A．しっかりした規則やルールに基づいている環境である。
　　B．ルールにとらわれず、自主性に任されている環境である。

記入例（次ページ）を参考に、それぞれの質問に対するあなたの回答を下の表に書き込みましょう。列ごとにチェックされている個数を数えて、合計の個数を太枠の中に書いて下さい。

	A	B		A	B		A	B		A	B
①			②			③			④		
⑤			⑥			⑦			⑧		
⑨			⑩			⑪			⑫		
合計											

(記入例)

	A	B		A	B		A	B		A	B
①	○		②		○	③		○	④	○	
⑤		○	⑥		○	⑦		○	⑧	○	
⑨	○		⑩		○	⑪	○		⑫	○	

合計　 2　1　　0　3　　1　2　　3　0

　この診断テストの結果は、巻末の**付録2**にまとめてあります。あなたの診断結果を読んで、今後の受験勉強に活かして下さい。

自分らしさを探ろう

(1) あなたがこれまで頑張ってきた（結果を出せた）ことは、どのようなことですか？

```
・

・

・

・
```

(2) あなたが望む人生はどのような人生ですか？　下の項目をヒントに、自分の気持ちに素直になって書いてみましょう。

【なりたいもの】
・

・

【欲しいもの】
・

・

【勉強したいこと】
・

・

---

(3) 現時点での第1志望校はどこですか？　決まっている範囲で書いて下さい。

＿＿＿＿＿＿＿＿大学　＿＿＿＿＿＿＿＿＿（学部・学科・類など）

(4) 受験に関する疑問や悩み、心配事があれば書いておきましょう。

ワークシート２の準備

これから１週間、下のそれぞれの項目について、費やした時間を記録して下さい。これは**ワークシート２**で使うデータになるので、正直な時間を書き残しておきましょう。時間を記録するからといって、いつもより減らそうと意識する必要はありません。

月日＼余暇	テレビ	ケータイ	ネット	ゲームなど	その他のムダ時間	合計
／（ ）	分	分	分	分	分	時間　分
／（ ）	分	分	分	分	分	時間　分
／（ ）	分	分	分	分	分	時間　分
／（ ）	分	分	分	分	分	時間　分
／（ ）	分	分	分	分	分	時間　分
／（ ）	分	分	分	分	分	時間　分
／（ ）	分	分	分	分	分	時間　分

巻末の**付録３**に、勉強した時間や内容を１週間分まとめられるシートがあります。勉強記録を書き残して、今後の勉強計画に活かしましょう。のちほど、勉強計画を立てる時のデータとして使うため、特に勉強内容（問題数やページ数など）は具体的に記録しておいて下さい。

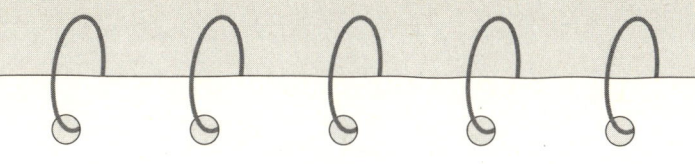

第2章
大きく差をつける 時間と習慣の「知識」

合格する受験生に共通する
時間の使い方とは？

お茶の水女子大学の正門

「悪い習慣」の引力を振り切ろう

　受験勉強をしていると、どうしても周りの様子が気になってしまうものです。でも、受験は周りとの勝ち負けではなく、あなた自身がどれくらい成長できるかが大切だ、と第1章でお話ししました。過去の自分に勝ち続けて、合格ラインを超えることさえできれば、あなたは合格することができるわけです。そのためにも、主体的に行動することを心がけて下さい。

　何事も周りのせいにせず、すべての原因と責任は自分にあると考えましょう。受験に向かって頑張るのも、頑張らないのもあなた次第。合格するのも、悔しい思いをするのもあなた次第なのです。

　第1章を読み終えたあなたは、受験への心構えが少しずつできているはずです。本章以降では、その心構えの変化を行動の変化につなげていきます。章末に掲載した**ワークシート2**では、勉強時間を増やすための新しい習慣を宣言することになります。その習慣を継続して自分のものにするために、ここから非常に大切なことを説明していきます。

　まず、初めに知っておかなければいけないのは、習慣は簡単には変えられないということです。習慣とは、まさに強い力で地面に引っ張ろうとする重力のようなものです。いくら私達が高くジャンプしても、引力に負けて地面に戻ってきてしまいます。これと同じように、これまでの習慣を変えようとしても、元に戻ろうとする引力が強いために「三日坊主」で終わってしまうことが多いわけです。

　打ち上げられたロケットは、離陸して最初の数分間のほうが、その後の宇宙空間を数日にわたって飛行するよりも何倍ものエネルギーを消費します。つまり、ロケットで使うエネルギーの多くは、地球の引力を振り切るために使われているのです。でも、いったん引力から離れることができれば、少ないエネルギーで宇宙空間を自由に飛び回ることができるわけです。

　習慣も同じです。今のままでいるほうがラクだという引力に負けて、つ

いチャレンジを先延ばしにしてしまう人が多いものです。悪い習慣の引力を振り切るためには、強いエネルギーが必要なのです。でも、いったん勉強の習慣を身につけてしまえば、普段から当たり前のように勉強することができるようになります。最初は苦しいかもしれませんが、ぜひ強い引力から逃れて、自由に勉強し続けられる素晴らしい環境を味わいましょう。

時間を制する者が受験を制す

　学校の定期テストと受験の大きな違いとは何でしょうか。それは、試験の出題範囲や問題の難易度、そして対策に必要な時間です。もちろん、「合格」と「不合格」があるというのも大きな違いです。

　定期テストは、何日間か試験勉強をすれば、ある程度よい点数を取ることができます。教科書レベルの問題も多く、試験範囲が限られているため、短期間でもその対策が十分にできるからです。それに、もし中間テストで実力を出し切れなかったとしても、期末テストで挽回することも可能です。

　一方、受験では、教科書レベルを超える問題が多く出題されるだけでなく、問われる範囲も広くなります。また、受験は一発勝負です。それゆえ、確実に合格を勝ち取るためには、長い時間をかけて対策を練る必要があるわけです。

　このように比べてみると、受験のほうが厳しい条件であることは一目瞭然です。それなのに、定期テストの対策は頑張ろうと思えても、受験勉強にはなかなか手がつけられないという受験生が多いのです。いったい、なぜでしょう？

　それは、時間に対する感覚が甘いからです。定期テストは試験までの残り日数が見えているのに対して、受験までは日数があるため、「試験本番までに何日あるか」ということが意識できていない受験生が多いのです。効率のよい勉強法を知ろうとする受験生は多いのですが、時間の使い方に

ついては意識すらしていない人がほとんどなのです。

　ここに、大きく成長するチャンスがあります。受験日までに、いかに時間を効率よく使って勉強を進めていくか、これを意識するだけで、昨日までの自分よりも一段階強くなることが可能となります。

　新しい習慣を身につけるためには、時間の使い方を知る必要があります。ここからは、時間に対する大切な考え方について説明していきます。

「今」を大切にしよう

「何日間もやる気が出なくて、ずっと勉強できていません。こんな日が続くと、勉強してない自分にイライラしてしまいます」
「試験のことを考えると不安になってしまい、苦しくて勉強できません」

　思うように勉強できなくてイライラしたり、不安になったりしてやる気が出ないという受験生がたくさんいます。このような悩みは、大きく二つのパターンに分けることができます。それぞれ、説明しておきましょう。

①過去への後悔が大きい

　思うように事が進まないと、誰でも不安になり、イライラするものです。ただ、不安やストレスからやる気は生まれてきません。また、過ぎた時間を取り戻すこともできません。でも、これまでの遅れを取り戻すために、今から頑張ることはできるのです。過去を後悔しているだけでは前に進みません。過去は反省材料として、少しでも前に進むために活かすようにしましょう。

②未来への不安が大きい

　未来のことを考えすぎるのもよくありません。試験のことを考えて、不

安になってしまう気持ちはよく分かります。でも、自信をもって試験に臨むためには、毎日の自分に勝ち続けるしかないのです。今の自分に勝ち続けることが、将来の自信を生むのです。

英文法に過去形や現在形、未来形があるように、時間は「過去」、「現在」、「未来」の三つに分けることができます。このなかで一番大切なのはどの時間でしょうか？　ここまでお話ししてきたように、大切なのは「現在」です。今この瞬間を有意義に過ごすことを、強く意識しましょう。

最初からほかの受験生やライバルに勝とうとばかり考えている人もいますが、まずは自分自身に勝ち、自分を信じられるようになることが大切です。過去の後悔を断ち切るためにも、また将来の不安を払拭するためにも、「今」この瞬間を大切に過ごすことが重要なのです。試験当日、自信をもって会場に向かうために、まず今日一日を大切に過ごしましょう。

時間を二つの軸で管理しよう

受験勉強を効率よく進めるためには、時間を効率よく使う必要があります。時間の使い方は、「緊急度」と「重要度」によって、下図のように四つのタイプに分類することができます。この四つのタイプについて説明していきますが、普段、あなたはどのタイプの行動に最も多くの時間を割いているのかを考えながら読み進めて下さい。

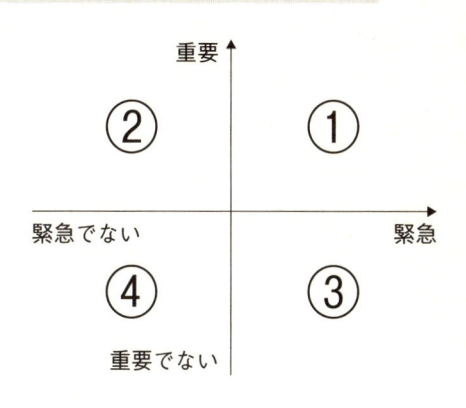

(『7つの習慣――成功には原則があった！』スティーブン・R・コヴィー著、ジェームス・スキナー／川西茂訳、キングベアー出版、1996年、参照)

①緊急かつ重要な行動——期限ギリギリになって宿題を始めたり、試験直前になってから勉強をしたりする人が多いのではないでしょうか。普段からこのような行動をとっている人は「先延ばしタイプ」と言えます。
②緊急ではないが重要な行動——目標を設定したり、事前に計画を立てたりして進めている勉強や、普段から健康維持のために行っているトレーニングのような行動です。このような行動をとっている人は「大切なこと優先タイプ」と言えます。
③緊急であるが重要ではない行動——電話がかかってきて、つい長電話をしてしまう。また、ほかにやるべきことがあるのに、遊びに行こうという友達からの誘いを断れない人。これらがもし、あなたにとって大切な人付き合いであれば②のタイプになります。でも、それほど重要ではない人付き合いであればこのタイプの行動にあたります。これは「なかなか断れないタイプ」と言えます。
④緊急でも重要でもない行動——ついダラダラと見てしまうテレビや長時間にわたるゲーム。また、遅くまで寝てしまうような人が当てはまります。このような行動をとる人は「無気力ダラダラタイプ」と言えます。

　さて、あなたはどのタイプの行動に多くの時間を費やしていますか？
　③や④の行動に多くの時間を費やしているというあなたにまず一言。人生は、時間の積み重ねでできているのですよ。このまま重要でない行動に多くの時間を費やしていると、人生そのものを無駄にしてしまうことになります。重要でない行動にかける時間は、できる限り少なくしましょう。
　そして、どうしても大切なことを先延ばししてしまい、①の行動が多くなってしまうというあなた。ひょっとして、心が疲れていませんか？　期限が差し迫った行動は精神的な負担が大きくなります。また、中途半端な状態で宿題を提出することになったり、十分に勉強できていないまま試験当日を迎えてしまったりなど、その行動の質も下がりやすいものです。普段から余裕をもって行動するように意識して、①を②の行動に切り替える

ように努力して下さい。

　時間を有効に使うためには、②の行動に多くの時間をかけるようにすることが大切となります。何と言っても、あなたにとって重要な行動に余裕をもって取り組むことができるのですから。

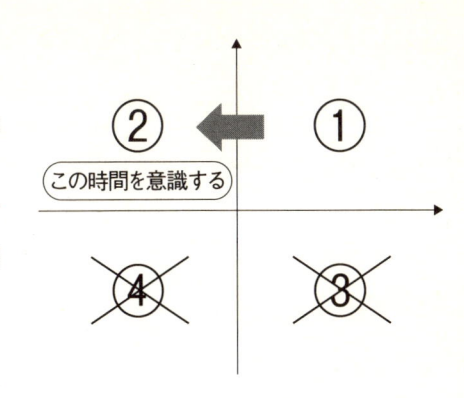

　あなたは、自らがとる行動を自由に選択することができます。あなたにとって一番優先したい行動に多くの時間を割いて、限りある時間のなかで有意義に受験勉強を進めていきましょう。

限られた時間を効率よく使うよりも無駄な時間を捨てる

　時間の使い方が上手な人は、部屋が整理整頓されていたり、机の上がいつもきれいだったりするものです。時間の使い方と掃除の進め方、まったく関係がなさそうなこの二つですが、実は共通したテクニックがあるのです。いったい何だと思いますか？

　掃除が苦手な友人が私に話してくれたことを、今でもよく覚えています。
「『スペースをうまく使うための収納術』という特集が載ってる雑誌を買ってみたけど、結局、読んでないんだよね。床に置いたままで、逆に部屋のスペースが減ってるんだよ……」

　もしかしたら、あなたにも思い当たる節があるかもしれません。これでは本末転倒です。でも実は、どんな収納術よりもシンプルで、効率がよい掃除のテクニックがあるのです。それは、捨てることです。限られたスペースをうまく使うのではなく、スペースそのものを広げてしまおうという

考え方です。

　この発想の転換は、ほかのことにも応用が利きます。その一つが時間の使い方です。勉強だけでも大変なのに、部活動や友達との付き合いだって大切なのが受験生です。あなたがいくら忙しい時でも、ケータイが鳴ったら出なくてはいけないし、送られてきたメールには返信をしなくてはいけません。ふと自分の時間ができて、気分転換をしようとテレビを見たり、インターネットをしたりすれば、あっという間に時間が過ぎ去ってしまいます。

「もっと、時間があればいいのに……」

　こんなふうに嘆いている受験生もきっと多いことでしょう。息をつく暇さえない生活を送っていたら、誰だって疲れてしまいます。テレビにケータイ、ゲームやインターネット。私達の身の周りには、コンピュータをはじめとする電化製品があふれています。このような製品に囲まれた生活を送っていると、情報を受け取るばかりになってしまって、誰だって心が疲れてしまいます。

　ほんの少しテレビを消し、ケータイの電源を切ってみませんか？　そして、本を読んだり、自分の将来のことを考えたりする時間をつくってみましょう。友達との付き合いも大切ですが、自分と向き合う時間も大切です。この静かな時間が、勉強へのやる気や集中力を生み出し、今より充実した毎日をもたらしてくれるのです。

自宅浪人で合格した私が実践していた習慣

　ここまで、時間の使い方についてお話ししてきました。無駄な時間をなくして、勉強時間を少しでも増やすための習慣を身につけていくのですが、いったいどのような習慣を身につければ合格につながるのでしょうか。こ

こでは、私が受験生の時に実践していた習慣についてお話しします。
「まえがき」でも述べましたように、私は1年間のフリーターと浪人生活を経て、第一志望の東京工業大学に合格しました。特に、自宅浪人として受験勉強を進めていくには、自分自身をコントロールする力が必要です。そのために私が実践していたことは「記録」です。受験生にとって、記録することはとても重要なことです。現状をしっかりと把握することが効果的な受験勉強をすることにつながるのです。私は、自分自身をコントロールするために、勉強と睡眠時間、そして模試の結果を記録していました。

巻末に掲載した**付録3**に、勉強した時間と内容を1週間分記録できるシートがあります。ぜひ、このシートを使って毎日の勉強時間を記録して下さい。勉強時間を記録することによって、自分がどれだけ頑張ってきたのかを確認することができ、やる気にもつながっていきます。また、1週間に勉強できる時間を知ることは、現実的な勉強計画を立てるための第一歩となります。理想を追いかけて実行不可能な勉強計画ばかりを立てていると、目標を達成できない自分に慣れてしまい、やる気や自信がなくなってしまいます。

勉強した時間とともに、睡眠時間についても記録しておくとよいでしょう。質のよい睡眠をとることができれば1日中頭が働いて、勉強にも集中することができます。そのためには、睡眠時間を十分にとり、眠りの浅いタイミングで目を覚ますようにすることが大切です。

睡眠のサイクルは人によって異なります。そのため、私は毎日少しずつ寝る時間を変えながら、自分にとって最適な睡眠のとり方を調べました。その積み重ねによって、自分の睡眠をある程度コントロールできるようになったのです。私は今でも、起床時間と就寝時間を毎日記録しています。あなたも、ぜひ始めてみて下さい。

最後に、模試についてお話ししましょう。模試を受けっ放しにしている受験生が意外に多いのです。模試を受けると、結果が一覧となって返ってきます。その結果から自分の弱点を把握し、それを克服できるような勉強

計画を立てる必要があります。模試の結果を、受験勉強の羅針盤として活用して下さい。そのためにも、今までの模試の点数や偏差値の推移が分かるように記録をしておきましょう。

やる気に満ちた状態で1日をスタートできる習慣

　もう一つ、私自身の生活を劇的に変化させてくれた習慣を紹介します。私が自分の目標に向かって、ひたむきに頑張り続けることができるようになった習慣です。1日10分あればできること、それは日記をつけることです。日記と言っても、
「今日は、友達とカラオケに行って盛り上がった！」
なんて、その日の楽しかったことを書いているわけではありません。
「朝から雨がザーザー降りでした。道を歩いていたら、車に水をはねられて最悪な1日でした」
　こんなことを書いていたら、それだけで暗い気分になってしまいます。
　私が日記に書いているのは、将来の夢や日々の目標についてです。また、それ以外にも、夢や目標を叶えるための計画やアイデアなどをとりとめもなく書いています。プラスのことや感謝したいことは書いても、決してマイナスのことは書きません。なかには、マイナスのことを吐き出すために日記を書いている人もいるでしょう。でも、私の場合、書いたことは視覚に焼きついて頭から離れなくなってしまうのです。
　その日のまとめを兼ねて、寝る前に日記を書く人がほとんどかもしれません。私は、朝起きた時に書いています。早朝の静かな部屋で、これから過ごす1日のことから遠い将来のことまで、いろいろと考えをめぐらせながら思いつくまま文字にしていきます。
　この自分と向き合う時間をつくることが、私の生活を劇的に変えました。朝一番に、周りの人への感謝の気持ちや、目標に向かって頑張る楽しみを

感じる。この時間があることで、やる気とエネルギーに満ちた１日をスタートさせることができたのです。いきなり日記を書くのは大変だという場合は、頭の中で１日の予定をイメージするだけでも効果が十分にあります。あなたができる範囲で始めてみて下さい。

習慣を変える時の五つのポイント

　私達は、貴重な時間を使っていろいろな行動をとっています。毎日の行動は、「考える」、「判断する」、そして「行動をとる」という三つのステップの繰り返しです。例えば、朝の通学途中で電車に乗った時、「単語帳でも見ようかなぁ」と思いつつも「やっぱり疲れてるから音楽でも聴こうかなぁ」なんて迷うことがあるでしょう。いろいろ考えた結果、「やっぱり勉強しよう」という判断をして、実際に単語帳を広げるという行動をとります。これが、「考える」、「判断する」、「行動をとる」という三つのステップです。

　行動を習慣化することによって、「考える」、「判断する」という二つのステップを省くことができます。電車に乗った時に迷わず単語帳を広げられるようになれば、無駄に考える時間やエネルギーは使わなくてすむようになるのです。

　よい習慣は、人生を劇的に変えるエネルギーをもっています。ここまで、受験に役立つ習慣をいくつか紹介してきました。あなたの頭の中には、すでに新しい習慣としてチャレンジしたいことが浮かんでいるかもしれません。ここでは、その想いを実現するために知っておいてほしいことを五つお伝えします。

①最初の３日間が一番苦しい

　本章の初めにもお話ししたとおり、新しい習慣を身につけるためには、

元の習慣の強い引力を振り切るだけの大きいエネルギーが必要です。でも、いったん勉強の習慣を身につけてしまえば、勉強が当たり前のようにできる状態になるわけです。「三日坊主」という言葉があるとおり、最初の３日間が引力を振り切るための勝負どころだと考えて下さい。

②動機づけをする

　最初の３日間を乗り切るためには、新しい習慣をつくろうとしている理由を頭に入れて、納得することが大切です。そして、その習慣が身についた自分をイメージすることも効果があります。英文をスラスラと読めるようになる自分をいつもイメージすることが、英単語を勉強しようという意欲につながるわけです。

③効果が出るまでに時間がかかることを受け入れる

　単語帳を３日見たからといって、すぐに英語の成績が上がることはありません。新しい習慣による効果が出るまでには、ある程度の時間がかかります。最初は、焦って結果を求めずに続けてみるという姿勢が大切です。

④３週間を意識する

　新しい習慣を身体に染みつけるためには、３週間続けることが必要だと言われています。つまり、電車の中で単語帳を開くことを３週間続ければ、４週目以降は電車に乗ったら自然と単語帳を開けるようになるわけです。

⑤例外をつくらない

　最初の３週間は、何があっても新しい習慣としたい行動を実践し続けて下さい。「身体が疲れてるから、今日だけは単語帳を見なくてもいいや」という例外をつくってはいけません。新しい習慣が途絶えるのは、たいていこの例外が起きた時です。

新しく目標を立てる時の三つのポイント

　本章末の**ワークシート2**では、これからあなたが実践する新しい習慣を宣言します。ここで大切なのが目標の立て方です。ここでは、新しく目標を立てる時の三つのポイントをお話しします。

①具体的な目標を立てる

「将来、できるだけ偏差値の高い大学に入りたい！」
「これから1か月で、たくさん受験勉強をしよう！」

　こんなふうに、漠然とした目標を考えてはいませんか？　これは、いけません。偏差値が高いというのは、人によって、またその時の気分によって基準が変わってしまうものです。例えば、春には偏差値65を「高い」と考えているのに、夏過ぎには60あれば「高い」と妥協してしまうかもしれません。自分が前に進むのではなく、目標を下げることで自分と夢との距離を縮めてしまうようなことでは、なかなか成長することはできません。

　目標は、具体的なものをつくりましょう。そのためには、「数値化すること」と「期限を決めること」が大切となります。

「1日2時間、受験勉強をする」
「今月中に、数学の問題集100問を解き終える」

　目標を数字で表現すれば、達成できたのか、できなかったのかがはっきりとします。達成できた喜びは次の目標を達成するためのエネルギーになり、やる気を継続させることにもつながります。

②目標を達成した時のご褒美を考えておく

　望んでいたことや目標を一つクリアできたら、達成感を得るために自分

にご褒美をあげましょう。達成感を得ることができないと、これから先も頑張り続けることは難しいものです。欲しかったものを買う、したかったことをする、または1日思いっきり遊ぶ、何でも構いません。事前にそのご褒美を考えておくことが、目標を達成するためのエネルギーになるのです。

③目標を紙に書いて繰り返し眺める

　目標とそれを達成した時のご褒美は、必ず紙に書いておきましょう。目標をつくった時は「頑張るぞ！」と意気込んでいても、そのエネルギーがなかなか続かないというのが多くの受験生の悩みとなっています。これを解決するためには、毎日目標を眺めて、最初の意気込みを思い出したり、目標を達成してご褒美を手にしている自分をイメージしたりすることが大切です。

　ワークシート2を記入すると、この三つのポイントを実践することができるようになっています。さあ、ワークシートで新しい習慣を宣言して、必ず3週間実践して下さい。あなたも、目標に向かって頑張り続ける自分を手に入れましょう。

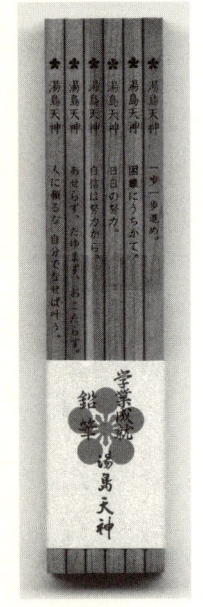

湯島天神の学業成就鉛筆

あなたの夢が叶うように、私も祈っています！

ワークシート 2 「現状」を知ろう！

生活の現状を知ろう

　ワークシート1や付録3の「1週間の勉強記録シート」を使い、日々の勉強時間やテレビなどに費やしたムダ時間を記録していることと思います。1週間の情報を書き終えたら、勉強時間とムダ時間の合計を算出して下さい。

　　　　1週間の合計勉強時間　：　＿＿＿　時間　＿＿＿　分

　　　　1週間の合計ムダ時間　：　＿＿＿　時間　＿＿＿　分

　それぞれの合計時間を7で割って、1日当たりの平均時間を求めましょう。

　　　　1日当たりの平均勉強時間　：　＿＿＿　時間　＿＿＿　分
　　　　　　　　　　　　　　　　　　　　　　　　（⇒ Aとする）
　　　　1日当たりの平均ムダ時間　：　＿＿＿　時間　＿＿＿　分
　　　　　　　　　　　　　　　　　　　　　　　　（⇒ Bとする）

受験日まで残された時間を知ろう

　このワークシートを記入している日から、最初の受験日までの日数を算出します。まだ受験する大学を決めていない人は、センター試験を最初の受験と考えて下さい。

ワークシートの記入日 : _____ 年 ____ 月 ____ 日

最初の受験日 : _____ 年 ____ 月 ____ 日

残された日数 : _____ 日 （⇒ C とする）。

　今の生活スタイルのまま過ごすとすると、受験日までの勉強時間とムダ時間はどれくらいになるのでしょうか。

受験日までの勉強時間 : _____ 時間 _____ 分
（＝ A × C）

受験日までのムダ時間 : _____ 時間 _____ 分
（＝ B × C）

　この勉強時間で、果たして合格レベルに達することができるでしょうか。ムダ時間を少しでも勉強時間に変えるために、新しい生活習慣を身につけましょう。

新しい生活習慣を宣言しよう

　受験で確実に勝てる実力をつけるためには、勉強時間を少しでも多く確保しなければなりません。でも、「今日は徹夜で頑張ろう」なんて無理をしたら、体調を壊して勉強ができなくなってしまい逆効果となります。長期的な視点で勉強時間を増やすためには、毎日少しずつの頑張りを積み重ねていくしかないのです。

　ムダ時間を少しでも勉強時間に充てるために、これから3週間で生活習慣を変えていきましょう。ここでは、**ワークシート1**のムダ時間の内訳をヒントに、新しい習慣としてどのようなことを始めるかを宣言して下さい。

第2章 大きく差をつける時間と習慣の「知識」

　ここで宣言する新しい習慣は、これから3週間、毎日実行することになります。そのため、無理しなくても確実に実行できるような行動にして下さい。ほんの少しの頑張りでできることや、やってみようと思える楽しいことを考えてみましょう。

　受験勉強のために、1日 ＿＿＿ 時間 ＿＿＿ 分 を捻出する！

　そのために、新しい習慣として……

　＿＿＿＿＿＿＿＿＿＿＿＿＿＿＿＿＿＿＿＿＿＿＿＿＿＿＿ を始める！

3週間後に達成した時のご褒美

　やる気を持続するためには、頑張り抜いた自分を素直に褒めてあげることが重要となります。自分を褒めることが自信となり、自信を積み重ねることで、試験本番でも緊張しない強い精神力を得ることができます。先ほど宣言した習慣を3週間続けられたら、ぜひ自分にご褒美をあげて下さい。そのご褒美を下に書いておきましょう！

　3週間頑張り抜けたら、＿＿＿＿＿＿＿＿＿＿＿＿＿＿＿＿＿＿ ！

ワークシート3の準備

　第3章のワークシートでは、「目標」について考えます。受験における目標は、もちろん合格したい志望校です。**ワークシート3**では、チャレンジ校、実力相応校、滑り止め校を書くことになるので、受験する候補の大学を考えておいて下さい。

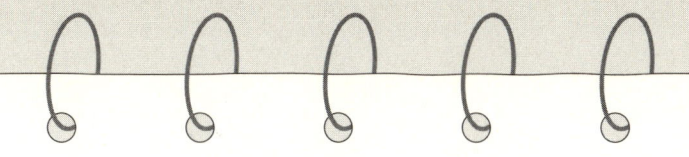

第3章

頑張る自分であり続けるための「自己管理術」

自宅浪人でも
第1志望校に合格できた秘訣とは？

東京大学本郷キャンパス

学力はプライドに比例する

「IQ120だなんて、本当に頭がいいんだねぇ！」

　こんなことを言う人がいます。昔から、学力はIQ（知能指数）である程度測ることができると言われてきました。でも、近年の研究で、学力とIQは比例しないことが分かったのです。その代わり、「学力は別のあるものに比例する」と提唱されました（『「戦う自分」をつくる13の成功戦略』ジョン・C・マクスウェル／渡邉美樹監訳、三笠書房、2009年、参照）。さて、何に比例すると思いますか？

　それは「pride」です。prideには様々な訳し方がありますが、なかでも「自尊心」と訳すのが最も適しているでしょう。自尊心とは、自分なら必ずできるという自信や、自分を誇りに思う気持ちのことです。この自信や誇りが、ここぞという時に頑張るためのエネルギーになるのです。

　受験を乗り越えるためにも、この自尊心は不可欠です。受験は、ほんの数点を争うギリギリの勝負になります。最後は、「自分なら必ず合格できる！」という想いの強い人が、合格を手にすることができるのです。

「自分は頭が悪いから、どうせ受験もダメだ……」

　このように思ってしまう人は、自分で壁をつくっているだけです。自分で自分の限界を決めてしまうと、目の前の壁を越えることは余計に難しくなります。頭が悪いから受験がダメなのではありません。自分で頭が悪いと決めつけているから、うまくいかないのです。

　自尊心をもつことは、受験に限らず、これからの人生を生き抜いていくためにも大切なことです。あなたは、これから大学に進学し、近い将来、社会に出ることになります。あなたのこれからの人生のなかで、きっと受験以上に辛いことがやって来ることでしょう。その時、IQが高い人より

も、「自分なら必ず乗り越えられる！」という気持ちの強い人のほうが正面から困難にぶつかっていくことができるのです。

自尊心は、あなたを強い人間にします。では、自尊心がもてるようになるにはどうすればよいのでしょうか？

それは、自分自身に勝ち続けることです。自信は、「自分」を「信じる」と書きます。自分を信じられるようになるためには、自分との約束を守り続けることが大切です。いつも約束を守らない友達がいたら、信頼なんてできませんよね。自分がやると決めたことは必ずやる。できるまでやる。この積み重ねが自分への信頼を生み、自尊心へとつながるのです。

先ほどの**ワークシート2**では、自分を変えるための新しい習慣を宣言してもらいました。この自分との約束を必ず守り続けて下さい。以下では、自分との約束を守り続けたことで自尊心をもつことに成功した受験生を紹介していきます。

1週間で生まれ変わった受験生の話

「部活を引退してから、まったくやる気が出なくて勉強ができていません……。毎日のように、受験に落ちる夢ばかりを見ています……。僕は、どうすればいいでしょうか？」

ある受験生から、このような相談を受けました。受験は不安との闘い。不安に打ち勝てば勉強に集中できるようになり、自然と実力がついていきます。実力がつけば模試の結果に現れるだけでなく、不安に打ち勝つための材料にもなるわけです。このようなプラスのサイクルに乗ることが、長い受験勉強を乗り切るためのエネルギーとなります。

ところが、不安との闘いに敗れてしまうと、勉強にも集中できなくなってしまうという真逆のサイクルに入ってしまいます。私に相談をしてきた受験生は、まさにマイナスのサイクルに足を踏み入れようとしているとこ

ろでした。私は、彼にあるアドバイスをしました。そして1週間後、彼から次のような連絡がありました。

「最近、新しい自分に生まれ変わったみたいです！ 勉強も、毎日できるようになりました。このままいけばきっと合格できる気がします！」

まるで別人のようですね。たった1週間で勉強ができるようになり、気持ちのもちようがこんなにも変わるのかというくらい変化しています。さて、ここで問題です。私はどのようなアドバイスしたのでしょうか？

私がしたアドバイスは、「腕立て伏せを必ず毎日20回やって下さい」だけでした。彼は私のアドバイスを信じて、腕立て伏せを1週間、毎日欠かさず続けてくれました。その結果、新しい自分に生まれ変わったと感じるまでに自信をもつことができたわけです。

きっと、大胸筋がムキムキになった自分の姿を見て、生まれ変わったみたいと言っているわけではないでしょう。おそらく、上腕三頭筋を鍛えたおかげでマークを早く濃く塗れるようになったと喜んでいるわけでもないでしょう。では、どうして彼は自信がもてるようになったのでしょうか？

それは、自分との約束を守ることができたからです。約束事は、受験に関係ないことでも構いません。大切なのは、「毎日必ずできること」や、あまり構えなくても「気軽にできること」です。そして、「やらなくてはいけない」ではなくて「やってみたい」と思えることです。この三つの条件を満たした約束事を選ぶことがポイントです。

相談をしてきた彼は運動部に所属しており、外見も内面もまさに体育会系の人でした。そんな彼であるからこそ、腕立て伏せであれば「やってみよう」と感じられると私は考えたのです。ちなみに、普段あまり運動をしない人が急に腕立て伏せを始めたら肘を痛めてしまうこともあるので気を付けましょう（念のため）。

あなたも、**ワークシート2**で宣言した自分との約束を毎日守り続けて下さい。新しい習慣が信頼できる自分をつくり、その自尊心はあなたの人生を大きく変えることになります。

運は努力した人間にやって来る

「63連勝！」、「年間最多86勝！」、「優勝回数が歴代単独６位に！」

2010年、あるスポーツ選手がニュースを賑わしました。これは、誰の記録か分かりますか？

正解は、横綱の白鵬関です。心技体、すべてが備わっている白鵬関。特に、メンタル面の強さが際立っていると言われています。プレッシャーを背負う自分自身に打ち勝てたからこそ、ほかの人にも勝ち続けることができたのでしょう。白鵬関が連勝中によく口にしていた言葉に、彼の心の強さが凝縮されています。

「勝ち続けられるのは運がよいから。運は、努力した人間にしかこない」

受験でも同じことが言えます。長い年月をかけて勉強をしたとしても、たった数時間の試験で合否が分かれるというのが受験です。試験問題の数が限られていることを考えると、合否が運に関係することは否めないでしょう。あまり勉強していなくても、偶然知っている問題が出れば解けてしまいます。逆に、どれだけ勉強しても、運が悪く、知らない問題ばかり出てしまうということもあるわけです。つまり、合否は試験の問題に大きく左右されてしまうということです。

受験は運で決まる——こんなことを言うと、「どうせ運で決まるのなら、勉強してもしなくても同じでしょ」なんて声が聞こえてきそうですが、それは大きな間違いです。勉強をすればするほど解ける問題は確実に増えていくのです。つまり、努力して勉強をすれば、試験で知っている問題が出てくる可能性が上がるわけです。受験本番で知っている問題と出合える幸運を手にするためには、努力するよりほかに道はありません。白鵬関の言葉どおり、「運は、努力した人間にしかこない」のです。

新しい習慣を身につけたり、やりたいことを我慢して勉強したりすることは、決して簡単なことではありません。でも、辛い思いをした分だけ、終わった時の喜びは大きいものになるのです。合格した瞬間の喜びを楽しみに、頑張っていきましょう！

自宅浪人していた私の生活スタイル

　私の第一志望だった東京工業大学は、センター試験よりも2次試験のほうが重視されています。2次試験は、初日の最初の科目である数学の配点が最も高いため、この数学のできが全体の流れを決めてしまいます。
　私が浪人生として東京工業大学を受験した時、この数学で一度解いたことのある問題によく似た問題が出題されたのです。この1問を完答できたことで精神的に余裕が生まれ、ほかの科目でも実力を出しきることができました。
　試験本番で幸運を手にするためには、毎日、コツコツと頑張って勉強し続けることが大切です。自宅浪人だった私がどのようにして自分をコントロールして頑張り続けたのか。ここでは、私が自宅浪人していた時の生活スタイルを紹介していきます。

　私が自宅浪人をしていた時、1週間に70時間勉強することを目標にしていました。平均すると、1日当たり10時間です。でも実際は、月曜日から土曜日に10〜12時間勉強して、日曜日は休養日にしていました。
「70時間も勉強できたんだから、今日はしっかり休んで来週も頑張ろう」
　このように、心から納得して休む日をつくることが、自宅浪人でもやる気を保つことができたコツの一つです。
　私の生活スタイルの土台になっていたのは、早寝早起きです。朝は5時

くらいに起きて、夜は23時頃に寝ていました。夜よりも朝のほうが静かで、テレビなどの誘惑もなく、勉強に集中することができます。また、早朝から勉強していれば、お昼頃にはその日の半分くらいの勉強量を消化することができます。1日のゴールが見えている状態でお昼休憩をとることで、午後のやる気にもつながったのです。

　自宅浪人する、と決めたものの、家で勉強する習慣が私にあったわけではありません。そのため、毎日の勉強スケジュールを決める時に、飽きずに継続して勉強できる仕組みづくりが大切となりました。意識したのは、勉強と休憩のメリハリをつけることです。具体的には、50分の勉強と10分の休憩を1コマとして、勉強量を時間で考えるのではなく、コマ数で考えるようにしたのです。

　50分経ったら、勉強が途中でも強制的に休憩を入れる。これが、私にはとても合っていました。区切りのいいところまで勉強してから休憩を入れるという受験生もいるでしょう。でも、長時間勉強し続けた疲労感と、勉強がひと段落した安心感から気が抜けてしまうこともあります。そうすると、休憩時間が予定よりも長くなってしまい、1日全体で考えると勉強時間が減ってしまうということにもなりかねません。また、強制的に休憩を入れることによって、50分のうちに区切りのいいところまでいかなくてはという気持ちが働いてしまいます。時間を細かく区切ることで、密度の濃い時間を過ごせるようになるのです。

　10分間の休憩時間は、休むことに集中するようにしましょう。勉強部屋から出て気持ちを切り替えたり、体操やストレッチなどで適度に身体を動かしたりするのもいいでしょう。私は、よく大きめの音量で音楽を聴いていました。そうすると、休憩が終わった時に部屋が静まり返るので、自然と集中して勉強に入っていくことができたのです。

　この50分間の勉強と10分間の休憩というサイクルを、次のようなスケジュールで繰り返していました。

5：00			起床
5：30	～	7：30	勉強（2コマ）
7：30	～	8：30	朝食など
8：30	～	12：30	勉強（4コマ）
12：30	～	13：30	昼食など
13：30	～	19：30	勉強（6コマ）
19：30	～	21：00	夕食など
21：00	～	23：00	勉強（2コマ）
23：00			就寝

　このスケジュールの場合、1日14コマを確保することができます。50分が14コマなので、勉強時間は12時間くらいです。もちろん、勉強に集中できる日もあれば、集中できない日もあります。また、勉強が予定どおりに進まないこともあるため、14コマのうち2コマは調整用の予備時間としていました。

　この調整の時間をとっておくことが、毎日のやる気を保つためのポイントとなります。やる気や自信を保つためには自分との約束を守り続けることが大切なため、余裕をもったスケジュールを立てておく必要があるのです。勉強計画の立て方については、第4章で詳しく説明します。

勉強習慣を身につけるための七つのテクニック

　前節では、私が自宅浪人していた時の生活スタイルを紹介しました。

　「そんなに勉強するなんて、自分には無理！」

　読みながら、こう感じた人がいるかもしれません。でも、大丈夫です。私も、最初から勉強する習慣があったわけではないのです。いろいろと試

行錯誤を重ねた結果、出来上がったものなのです。ここでは、私の試行錯誤から得られた、勉強習慣を身につけるためのテクニックを紹介します。

①しっかり休憩をとる

　１人で勉強していると、つい疲れるまで続けてしまうということが多いものです。疲れるまで勉強を続けてしまうと、休憩した後、机に向かう気力がなくなってしまいます。

　人間の集中力が続く時間は、50〜90分が限界だと言われています。学校や予備校の授業が時間割をもとにして進んでいくのと同じように、自分で勉強する時にも50〜90分で一度の休憩を入れて下さい。これが、長い時間、無理なく勉強を続けるための秘訣です。

②前日の夜に「やることリスト」をつくる

　朝起きてから、その日のスケジュールを立てている受験生も多いと思います。予定を立てることによって時間をうまく使おうとする意識が働きますから、これだけでも十分効果はあるでしょう。

　でも、この作業を前日の夜に終わらせてみて下さい。寝る前に、翌日の「やることリスト」と、朝起きてから寝るまでのスケジュールをつくっておくのです。朝にスケジュールをつくると、どうしても起きた時間を基準にして考えてしまいます。でも、寝る前につくっておけば、朝起きた瞬間からスケジュールどおりに動けるようになります。第２章でもお話ししたとおり、私の「やることリスト」は、毎朝「日記を書く」ことからスタートしています。

③１日のスケジューリングを工夫する

　１日の勉強スケジュールのなかで、ご飯やお風呂などの長めの休憩が必ず何度か入ります。しかし、この長い休憩の後に、なかなか勉強モードに戻れないという受験生が多いようです。

長めの休憩の後にすぐ勉強を始めるためのコツは、休憩開けに好きな科目を勉強するようにスケジュールを立てることです。また、１日の最初の時間や、午後の眠くなりやすい時間に好きな科目を勉強するというのもいいでしょう。

１日のスケジュールを立てる時には、好きな科目をいつ勉強すればやる気を維持できるのかを考えてみて下さい。苦手な科目よりも、好きな科目のほうが勉強に取り掛かりやすいものです。取り掛かりの負担感を減らすことが、勉強を始めやすくするための秘訣となります。

④外出できる服装になる

「家にいたら誰にも見られないし、ラクな格好をしててもいいでしょ」

こんなことを言いながら、パジャマやジャージのままで勉強していませんか？　ルーズな格好をしていると、気持ちまでダラダラしてしまうものです。外出できるような服装に着替えてみて下さい。それだけで、気持ちを切り替えることができます。

⑤誘惑になるものを見えないところに片づける

きっと、家よりも学校や図書館のほうが勉強しやすいという受験生が多いことでしょう。家と学校や図書館との大きな違いとは何でしょうか？

それは、家には勉強を妨げる誘惑があるということです。雑誌や漫画、ゲームなど、家の中には誘惑になるものばかりがあります。家で集中して勉強するためには、誘惑になるものを視界に入らないところに片づけてしまうことが大切です。

⑥テレビは録画して見る

テレビも誘惑になりますが、これを片づけることは難しいでしょう。「受験生はテレビを絶対に見るな」なんて厳しいことは言いません。ただ、目

的もなくダラダラとテレビを見ることはやめて下さい。

テレビを見るのなら、前もって見る番組を決めて、録画してから見るというのはいかがですか。録画しておくと、自分の好きなタイミングで見ることができます。それに加えて、不要な部分を早送りすることができるので、とても効率的です。録画をしてまで見るほどではないという番組は、いっそのこと見るのをやめてしまいましょう。

⑦勉強するための環境を整える

勉強をする部屋、特に机の周りは整理整頓しておきましょう。教科書や問題集が散乱しているようでは、勉強に集中できないだけでなく、いざ使う時に探すことになってしまいます。

いくら目の前の問題集に集中していても、脳は視界に入っているすべてのものに対して、無意識のうちに「これは何だろう」と考えています。視界に無駄なものが入っていると、それだけで脳のエネルギーが余計に消費されてしまうのです。机の周りには、無駄なものはできるだけ置かないようにして下さい。

勉強に集中するために、机の周りは整理整頓しておこう！

今の実力でできるかどうかを判断するな！

　ここまで、私が自宅浪人として、どのように頑張り続けたのかをお話ししてきました。あなたも、新しい習慣を実践し続けることで少しずつ自尊心が芽生えてくるはずです。ところが、誰にでもやる気には波があるものです。受験勉強を続けていくと、模試の結果が悪くて落ち込んだり、急にやる気がなくなったりする時が必ずやって来ます。一度マイナス思考になると受験への不安が高まり、さらに勉強が手につかなくなるという悪循環にはまってしまうこともあります。

　模試の判定が悪かったり、過去問が解けなかったりすると、自信がなくなってしまうかもしれません。でも、今の実力で将来の可能性を判断してしまっては、新しいことをやり遂げたり、困難なことを乗り越えていくことができません。

　夢や目標を成し遂げていく人は、「自分はまだまだ伸びるはずだ」と真っすぐに信じています。自分の可能性を信じて、今の実力より高いハードルを自分に課す。そして、目の前のハードルを跳び越えるために全力を尽くすことで実力は伸びていきます。この繰り返しによって、目標を次々と達成することができるわけです。

　私が講師をしていた塾に、受験の２週間前にやって来た生徒がいました。それまでの模試は、すべてＥ判定でした。残された時間はたったの２週間。誰が考えても、厳しい状況であることは確かです。ところが、その生徒は必死に勉強をして、第１志望校に合格することができたのです。これだけでも奇跡のように感じますが、実は、この生徒には事情があって、まったく高校に通えていなかったのです。大学に行きたい気持ちを抑えきれず、「すがる思いで塾に来た」と話していました。

　私は、１日10時間以上の勉強計画を立ててわたしました。相当厳しい勉

強計画でしたが、その生徒は、私がわたした計画以上の勉強量をこなしてくれたのです。もともと学校に行ってなかったことが、

「今より下がることは絶対にない。だから、やれば必ず伸びるはずだ」

と信じる原動力になったようです。塾に入った時の実力で合格できるかどうかを判断していたら、きっとこの奇跡は起きなかったでしょう。

　あなたも、ふと自分の現状に焦る時があるかもしれません。でも、力を伸ばすための時間は十分に残されています。残り時間をどのように使えば合格できるのかに意識を集中して、１日１日を有意義に送って下さい。

夢や目標を宣言しよう

　これまでお話ししてきたとおり、夢や目標は必ず叶うと強く信じることが大切です。そして、その夢や目標を周りに宣言することで、実現する確率がさらに高まるのです。このことは、あなた自身が自ら経験してみないと実感が湧かないかもしれません。ここで、私がある夢を叶えた時のことをご紹介します。

　私はIT関連の研修講師としての仕事を始めた時、「日本で一番の講師になろう」という目標を掲げました。ここで一番というのは、教えられる内容の難しさでも、科目数でも、生徒の満足度アンケートの結果でも、何でも構いませんでした。いずれにせよ、何らかの仕事で誰にも負けない成果を上げることできれば、自分に合う仕事のやり方が見つかるはずだ。そうすれば、きっとほかの仕事でも同じように成果を出せるようになると考えたのです。

　私は入社１年目から、上司や同僚、周りの先輩に「日本一の講師」という目標を宣言していました。みんなが、笑いながら聞いていたことを覚え

ています。反応を見ている限り、冗談として聞いていた人がほとんどのように感じました。

しかし、この目標は入社2年目の時に実現しました。あるプログラミングの講習における満足度アンケートの年間結果が、他社も含めた全国の講師のなかで私が一番よかったのです。

アメリカのIT系企業から表彰され、「Instructor of the Year」という賞をいただくことができました。私が日本一を目指すと宣言していたことによって、たくさんの先輩が懇切丁寧に指導してくれたことが受賞につながったのだと思います。

このように、夢や目標を宣言すると、実現につながるような幸運がめぐってきたり、不思議な偶然が重なったりして、実現に向かって進んでいくことができるのです。人には本来、「ほかの人の役に立つことをしたい」という願望があるため、宣言することでたくさんの人のサポートを得られたのではないかと思います。

あなたも、入りたい大学や、大学で学びたいこと、将来やりたいことなどを周りに宣言してみましょう。本章末の**ワークシート3**には、大学の合格宣言をする欄を設けてあります。まず、自分自身に向けて合格宣言をして下さい。また、夢が叶っている姿をイメージすると実現しやすいとも言われていますので、希望大学の写真など、画像を貼るスペースも用意してあります。ぜひ、強い想いを込めて合格宣言をしましょう！

湯島天神

ワークシート 3 「目標」を宣言しよう！

受験校を調べておこう

　目標を達成するためには、まず目標を具体的に決める必要があります。受験での目標と言えば、やはり受験校でしょう。ここでは、受験する可能性がある大学をまとめます。

　模試の結果や予備校のwebページなどで調べることができれば、それぞれの志望校のボーダーラインも書いておいて下さい。ここでのボーダーラインとは、合否の可能性が50％となるラインのことを想定しています。

		大学（学部・学科）	ボーダーライン	
			センター試験	偏差値
チャレンジ校	1			
	2			
	3			
	4			
実力相応校	1			
	2			
	3			
	4			
安全校	1			
	2			
	3			
	4			

合格宣言をしよう

　夢や目標を周りに宣言することで、実現する可能性が上がります。下に、第一志望校の大学名・学部・学科などを書き込みましょう。

　私は、＿＿＿＿＿＿　大学　＿＿＿＿＿＿＿＿＿＿＿＿　に合格する！

　夢や目標は、鮮明にイメージできるようにしておくと、実現する可能性がより高まると言われています。もし、用意することができれば、志望校をイメージできる写真や画像を下に貼って下さい。実際に大学に行って写真を撮って来るのが一番よいのですが、インターネットの画像を印刷して貼りつけるだけでも効果があります。

PICTURE

ワークシート４の準備

(1) これまで、毎週の勉強時間や内容をメモしていることと思います。ここまで書きためた内容から、自分の勉強スタイルを考えてみましょう。

　１日のなかで集中できる時間帯は _____

ワークシート４から、あなたに合った勉強計画を立てることになります。そのためには、あなたの勉強のペースを知ることが大切です。１時間当たりに勉強できる参考書のページ数や問題数など、これまでの実績から気付いたことを記録しておきましょう。

(2) 第2章から、新しい習慣を身につけるステップに入りました。実際に実行に移してみたことで、改めて出てきた受験に関する疑問や悩み、心配事などがあれば書いておきましょう。

-
-
-
-
-
-

第 **4** 章

夢を現実にする「勉強計画法」

今まで計画どおりに
勉強できなかったのはなぜ？

九州大学正門（箱崎）　©火国男児

勉強計画を立てるための五つのステップ

　受験は、過去の自分との戦いです。これからも、新しい習慣を実践することで、今までの弱い自分に打ち勝って下さい。心構えが変わり、行動が変われば、必ずそれは結果に表れます。まず、人としての強さを身につけること、これが受験勉強を継続するための秘訣なのです。いくら優れた勉強法を試してみたとしても、短期間で結果が出ることはないでしょう。簡単に諦めてしまうようでは学力は身につかないわけです。

　ここまで読み進めることができたあなたは、受験勉強を始めるための準備がもう十分に整っていると言えます。あとは、勉強計画を立てることさえできれば努力を続けることができるはずです。本章では、夢や目標を実現するための計画の立て方をお話しします。

　受験を乗り越えるためには、長期的な視点で勉強計画を立てなければいけません。ところが、「まず、この問題集を終わらせよう」、「とりあえず、次の模試まで頑張ってみよう」と、短期的な視点しかもっていない受験生が多いのが現状です。

　例えば、初めて行く場所までの道のりを調べるために、地図や電車の路線図を広げた時をイメージしてみて下さい。あなたは、どのようにして目的地までの道のりを調べますか？

　おそらく、最初に現在地から目的地への大まかな方向を調べるでしょう。そして、その方向に進むことができる道を具体的に探していくと思います。つまり、細かい道のりよりも、全体の方向性を見失わないことが大切なのです。現在地の周りばかり見ていても、ゴールと違う方向に進んでしまうことがあるのです。

　長期的な視点をもち、全体の方向性を見失わずにゴールへと向かうために、次の五つのステップで勉強計画を立てましょう。

①最終目標を決める

　当たり前のことですが、まず最終的なゴールをしっかり見据えることが大切です。「今のあなたにとって、最終的なゴールは何か？」と問われたら、どんな答えを言いますか。

「できるだけ、偏差値の高い大学に入りたい！」

　こう考えて、東京工業大学に入学した私の友人がいます。詳しく聞いてみると、本当は東京大学の理科三類に行きたかったとのことでした。センター試験で失敗したため、合格できそうな大学のなかで偏差値が最も高い東京工業大学を受験したそうです。つまり、医学部を志望していたのに工学部に入ってしまったわけです。

　彼は当時、大学卒業後のことをまったく考えていませんでした。そのため、就職先を決める時になって、追いつめられるくらい思い悩むことになりました。そして結局、大学で学んだことの延長にある仕事に就くことになりました。今は、「受験前にもっと将来のことを考えていれば……」と言いながら、決して好きとは言えない仕事に忙殺される毎日を送っています。

　多くの受験生は、第一志望校の合格を最終的なゴールに見据えてしまっています。でも、ゴールはできる限り遠くに設定して下さい。大学に入ってから将来のことを考え始めると、取り返しがつかないことにもなりかねません。きっと、**ワークシート1**で書いたあなたの答えがヒントになるはずです。

　大学合格は、将来の夢を叶えるための手段です。最終的なゴールではなく、当面のゴールと考えることができれば、進学したいと思える大学の選択肢も広がるはずです。

　このステップは、すでに**ワークシート3**までで取り組みました。次のステップからが、**ワークシート4**以降の内容となります。

②現状を知る

　夢や目標を追いかけるべきだ、と先に書きました。と同時に、将来を見据えながら自らの足元も見ておかなければなりません。自分の現状をしっかりと把握しましょう。受験においては、各科目の偏差値や好み、そして試験本番まで時間がどれくらいあるのかなどを意識して下さい。

　多くの受験生は、「自分はもっとできるはずだ！」、「模試は解けるんだけど、なんだか不安だなぁ……」と、自らの現状を決して正確には把握していません。模試の結果などの客観的な数字をもとに、自らの現状を把握する必要があります。

③目標と現状の差を考える

　最終的なゴールと現状を把握したら、次はその差について考えます。もし、志望校に合格することを当面のゴールとするのであれば、合格するためにやるべきことや、今の自分に足らないものを洗い出していきます。例えば、以下のようなことが考えられます。

　　・志望校のボーダーラインと、今の自分の実力の差を計算する。
　　・実力差を埋めるために、問題集A、問題集B、過去問を解く。
　　・受験までに、偏差値を50から60まで上げる。

④差を細分化して近くの目標を決める

　このステップが最も重要となります。とはいえ、多くの受験生が実際にできていないことでもあります。

　遠くのゴールと近くのゴール、片方だけを考えてもうまくいきません。大切なのは、この二つのゴールをつなげて考えることです。つまり、遠くのゴールを見据えながら、それを細かく分けていって近くの小さなゴールを設定することです。例えば、第一志望の大学に合格するために偏差値60が必要だとして、今の偏差値が50だった場合を考えてみましょう。

　もし、今が夏休みだったとすると受験まで5か月となります。ですから、

１か月ごとに偏差値を二つずつ上げていけば間にあう計算になります。そのため、９月の模試で偏差値52を目指し、10月の模試で54を目指すわけです。または、夏休みにたくさん勉強できることを考慮して、「９月に偏差値を54まで伸ばす」と考えてもよいでしょう。

⑤近くの目標を達成するための計画を立てる
　ここまで来たら、近くの目標を達成するためにできることを考えます。先ほど例で挙げたように、「９月に偏差値を54まで伸ばす」ことを目標とする場合、これを達成するために何に取り組むべきなのかという計画を立てます。解くべき問題集や、必要な勉強時間などを具体的に考えるのです。目標が小さくなっている分、何をすれば目標が達成できるのかが考えやすくなるはずです。

　ここまでが、勉強計画を立てる時に必要な五つのステップです。**ワークシート４とワークシート５**で取り組むことになるので、ぜひ覚えておいて下さい。

夢を叶えるためにマイナス思考を大切にしよう

　計画をしっかり立てて勉強を進めていても、「合格するぞ！」とプラス思考で頑張れる時もあれば、「受からなかったらどうしよう……」とマイナス思考になってしまう時もあります。それで普通なのですが、いつもマイナス思考になってばかりだ、と悩んでいる受験生もきっと多いことでしょう。多くの人が、「前向きに頑張れる人になりたい」と言います。でも、マイナス思考よりもプラス思考のほうがいいなんて、本当に言い切れるのでしょうか？
　確かに、いつも「頑張ってもダメに決まってる……」なんて考えていた

ら、やる気は出ません。とはいえ、「適当にやっていても何とかなる」と、あまりにも楽観的な考え方もどうかと思います。プラス思考とマイナス思考、夢を叶えるためにはどちらがいいのでしょうか。答えは、二つのバランスで、状況に応じて使い分けることです。

　先ほど、計画を立てるための五つのステップを説明しました。この五つに、最後の実行するステップを加えると次のようになります。

　①最終目標を決める。
　②現状を知る。
　③目標と現状の差を考える。
　④差を細分化して近くの目標を決める。
　⑤近くの目標を達成するための計画を立てる。
　⑥計画を実行する。

　この六つのステップにおいて、それぞれプラス思考とマイナス思考を使い分けていくことが大切となります。では、どのように使い分ければいいのでしょうか。

　まず、最終目標を決める時を考えてみましょう。目標とは、今の自分の先にある、夢を叶えるための道標です。目標をつくる時には、前に歩き出すための覚悟が必要となります。また、頑張れば辿り着けそうな目標でなければ、それを目指して歩こうとは考えませんので、目標を決める時にはプラス思考である必要があります。ただ、現状を把握し、具体的な勉強計画をつくる時には、プラス思考は自分への甘えとなることがありますので注意が必要です。

「理解があいまいな部分があるから、念のために基礎からやっておこう」
「急な予定が入るかもしれないから、余裕をもって計画を立てておこう」

　このように、勉強計画を立てる時には、常に最悪のケースを考えて下さ

い。想定外の状況が起きて計画どおりに進まなくなるとやる気がなくなってしまうものです。ここで大切となるのがマイナス思考なのです。「自分はマイナス思考だから……」と悩んできた人もいるでしょうが、マイナス思考でいることも時には必要なのです。勉強計画をつくる時は、自分への甘えをなくさなければなりません。

マイナス思考で勉強計画を立てたら実行するステップに入ります。ここでやる気を保つためには、目標を達成した時の姿をイメージし続けることが大切です。つまり、プラス思考でいることが不可欠となります。

夢を叶えるためには、以下のように、①〜⑥のステップについて、プラス思考とマイナス思考を使い分けることが重要となります。

①プラス思考で最終目標を決める。
②〜⑤マイナス思考で、目標と現状の差を埋めるための計画を立てる。
⑥プラス思考で計画を実行する。

目標を考える時には自分の可能性を信じて下さい。そして、現状を考えて計画を立てるまでは、あらゆるマイナスの可能性を考えて想定外の状況をなくすことです。勉強計画を立てたら、あとは合格を信じて前に向かって突き進むのみです。

やる気が続く勉強計画の立て方

すべての受験生が、一度は「やる気が出ない」と悩んだことでしょう。やる気が続かないと、つい性格のせいだと感じてしまったり、自分の努力が足らないからだと考えがちです。でも、やる気が続かない原因は、性格や努力ではなく、計画の立て方にあることも多いのです。ここでは、やる気が続く勉強計画を立てるために大切なことをお伝えします。

①期限を決める

　夢や目標は、やはり頑張らないと達成できないものです。今の自分にできることは目標にはならないのです。

　できないことをできるようにするためには、それなりの努力や我慢が必要となります。でも、「我慢するのが好き」なんていう人はなかなかいません。何かを我慢してでも頑張り続けるためには、ゴールが見えている必要があります。ゴールが決まっていることで、「あと少しだから頑張ろう」という気持ちが湧いてくるのです。

　逆に、時間に余裕があると心に隙が生まれて、「明日、頑張ればいいや」と先延ばしをしてしまうこともあるでしょう。先延ばしする癖をなくし、今すぐ行動に移せるようになるためにも、目標には必ず「期限」を設定しましょう。

②目標は数字を使って考える

　目標は、達成できたのか、それともまだ達成できていないのかが判断できなければ意味がありません。「数学をできるだけ頑張る」という曖昧な目標では、いくら頑張っても「もっとできた気がする……」と中途半端な気分で終わってしまうものです。目標を達成することで得られる達成感が、勉強を継続するための「やる気」と「自尊心」を生み出すのです。

「数学の問題集を１週間で50問解く」

　このように、目標は数字を使って立てるようにすると具体的なものになります。

③８割の頑張りで達成できる計画を立てる

「本気を出して頑張れば、きっとここまでできるはず」

　意気込んで、限界ギリギリの目標を立てていませんか？　これはいけま

せん。ギリギリの目標は、ほんの少しでも想定外のことが起きると達成できなくなってしまうのです。目標の達成ができないと、やるべきことが後回しになるだけでなく、自分のことを信頼できなくなってしまいます。「自分はいつもできないから……」と、投げやりな状態になってしまってはやる気は長続きしません。

計画が達成できない人には、決してやる気がないわけではなく、その計画が厳しすぎることが多いのです。全力の8割くらい頑張れば達成できるような計画を立てることが、やる気を保つための秘訣です。1週間の勉強計画を立てる時にも、日曜日は予備日とするくらいがちょうどいいのです。もし、平日の勉強が順調に進んだら、予備日には翌週の予定を消化すればいいのです。

常にギリギリの目標に追われるのではなく、あと一歩頑張れば達成できるところに目標を置くことが大切です。そうすれば、精神的に負担のかからない状態で勉強を続けることが間違いなくできます。

④自分が問題を解くペースをつかむ

勉強計画をつくる時には、それぞれの参考書や問題集を仕上げる期間を決めなければなりません。この期間を正確に予想できるかどうかが、あなたに合った勉強計画を立てるためのポイントになります。とはいえ、これから使う参考書や問題集について、どのくらいのペースで進めていけるのかを予想することは決して簡単なことではありません。

そこで、最初に見開き2ページ、または一つの単元を進めるのにかかった時間を測ってみて下さい。かかった時間を勉強したページ数で割れば、1ページ勉強するために必要な時間を計算することができます。きっと、その後の計画を立てるのに役立つデータになるはずです。自分の勉強のペースを知ることで、非現実的な目標を立ててしまうことを防ぐことができるのです。

⑤目標と勉強計画は紙に書く

　目標や勉強計画は、何度も見直して忘れないようにしましょう。目標を何回も見直すことによって、自然と頭の中にすり込まれていくものです。そうすると、無意識のうちに目標を達成するために行動しようという意欲が湧いてくるようになります。

　目標や勉強計画は、紙に書いて常に持ち歩くようにしましょう。私は、目標を手帳に書いて、毎日眺めることを習慣にしています。**ワークシート4とワークシート5**において、あなたの目標や勉強計画を書くことになりますが、書いた内容は定期的に見直すようにして下さい。

⑥目標は肯定的に考える

　否定的な目標は、思い返すたびにネガティブな気持ちになってしまうものです。例えば、「テレビを見ないようにする」という目標であれば、「テレビを見る代わりに勉強時間を確保する」と書き換えましょう。

　肯定的に言い切る目標にしておいたほうが、眺めた時に「やるぞ！」という気持ちになれます。

⑦大きすぎる目標は細かく分ける

　大きすぎる目標は、達成できるまでに時間がかかるうえに、その目標を達成するために、どのような計画を立てればよいのかが分かりにくくなってしまいます。やる気を保つための秘訣は、小さな目標を小まめにクリアして達成感を味わい続けることです。そのためにも、大きすぎる目標は細かく分けて小さな目標にして下さい。

ギリギリの勉強計画を達成し続けて失ったもの

　受験はマラソンのようなものです。マラソンは、全力で走っては休むと

第4章 夢を現実にする「勉強計画法」

いう短距離走の繰り返しではなく、一定のペースで走り続けるほうがよい結果につながります。受験も同じで、やる気のある時に全力で走り続けてしまうと途中で息切れを起こしてしまうことになります。息が切れて立ち止まることができればまだいいです。全力で走っていると、その心地良さのあまり感覚が麻痺して、疲れを感じなくなってしまうことがあります。ここでは、ギリギリの勉強計画を続けたことで、失意のどん底を味わうことになった私自身の経験をお話しします。

　私がフリーターとしての仕事を辞めて、自宅浪人を始めた頃のことです。受験の費用を貯められたことや、勉強からしばらく離れていたことで、私はやる気に満ちあふれていました。この時につくった勉強計画は、1日に14時間の勉強をこなすというものでした。
　週末も休みがなく、ギリギリの計画を立てていました。誰かと話すこともなく、ただ必死になって勉強に打ち込むだけの毎日でした。正直なところ、勉強計画をクリアし続けている達成感と、確実に力がついていくことの充実感で順風満帆なスタートを切ることができたと感じていました。ただその時は、まだ気が付いていなかったのです。無理な勉強計画を実行し続けたことが、少しずつ、でも確実に、私の身体にダメージを与えていたということに。
　ある日の夜、寝ていると突然目が覚めました。
「あれ？　身体が動かない！」
　意識ははっきりしています。でも、身体がまったく動かないのです。そして、ものすごく苦しかったのです。どうして苦しいのかを理解するまでに時間がかかりました。まさか、自分の呼吸が止まっているなんて思いもしなかったからです。
　そのまま気を失うかのように視界が明るくなっていきました。意識がなくなりかけた瞬間、身体にスイッチが入ったかのように、自由に動かせるようになったのです。入ってきた酸素が身体中に染みわたっていきました。

人生で初めての「金縛り」でした。最初は、噂に聞く「金縛り」をいうものを体験することができて、のんきに喜んでいました。でもこれは、生活がガラリと変わる前兆だったのです。
　この頃から、夜中に目を覚ますことが多くなりました。最初は５日に１回くらいだったものが３日に１回になり、いつしか毎晩、目を覚ますようになってしまい、多い時には一晩で３回の金縛りにあうこともありました。それまでは、時間や場所に関係なく、ぐっすりと寝ることができていたのにもかかわらずです。
　それでも、勉強は計画どおり進んでいましたし、身体が疲れている感じもありませんでした。毎日14時間のペースで勉強を続け、現役生の時には手の届かなかった東京工業大学にも合格できるんじゃないかという希望の光が見えていたのです。
　ところが、調子がよい時にこそ大切なものが見えなくなってしまうものです。それまで必死に勉強を続けてきた私が、まさかまったく勉強ができなくなってしまうなんて、予想もしていませんでした。
　ある模試の日の朝、それは衝撃とも言える朝でした。ふと目が覚めて、まぶたを上げようとした瞬間に激痛が走ったのです。目を開こうとすると、まるで目の表面が焼かれたかのような、目に針を刺されたかのような、それまで味わったことのない痛みが私を襲ったのです。よく分からない痛みと、目が開かないことで、一瞬で頭の中が真っ白になりました。
　目が見えないわけではないし、まぶたを閉じていれば痛むことはありません。時間が経てばきっと治ると信じて、薄目しか開けられない状態で模試の会場へと向かいました。おそらく、目が乾燥したか何かだろうと、その時は自分の身に起きていることをあまり深刻には考えていませんでした。
　ところが、現実はそう甘くありませんでした。模試が終わっても目の痛む日が続いたのです。むしろ、日を追うごとに痛みはひどくなっていき、目を開くたびに激しい痛みが走るようになり、勉強をするどころか普段の生活にも支障をきたし始めたのです。痛みを我慢して勉強しようと試みま

したが、模試を見直すことすらできませんでした。
「このままいけば、きっと東京工業大学にだって合格できる！」という数日前の自信は、もうどこかに吹き飛んでいました。

私を失意のどん底から救ってくれた1曲の歌

このままの状態で1週間が経ちました。目薬をさしてもまったく効果はありません。睡眠時間を多めにとってみるものの、これも効果なし。考えられるだけの手を尽くしてみましたが、目の痛みはなくなりませんでした。

この頃には、もう勉強することは諦めていました。目を開けただけで激しい痛みが襲ってくるので、ベッドに寝転がり、ただ目をつぶっているだけの毎日となったのです。窓からは眩しい光が差し込み、小鳥の鳴き声さえ聞こえてきそうなくらい静かで穏やかな午後が続いたのです。

「ほかの受験生は必死に勉強しているのに、こんなことをしていてもいいのか？」

焦ってもどうしようもないことは分かっているのですが、それでも焦りが込み上げてくるのです。今まで順風満帆だと感じていたわけですが、気が付かないうちにストレスがたまっていたのかもしれません。毎日家に籠もっていることで、外の世界と自分が分断されてしまったような疎外感。いくら頑張って勉強しても、もし合格できなかったら1年間がすべて無駄になるというプレッシャー。自宅浪人をすることを決めた時にも、疎外感やプレッシャーを感じることは予想していました。しかし、私の予想はかなり甘かったのかもしれません。

「こんな生活が、いったいいつまで続くんだろう。もしかして、このまま目が見えなくなっちゃったりして……」

目が開かなくなって2週間が経った頃には、悪いことしか考えられないようになっていました。自分なんて、所詮ここまでの人間。東京工業大学へとつながる憧れの想いはプツンと途切れてしまい、受験なんてどうでもよくなっていました。もう、すべてを投げ出そうとしていた時にラジオからある曲が流れてきたのです。

　それは、Mr.Childrenの『終わりなき旅』でした。Mr.Childrenは、1993年に発表した『CROSS ROAD』でミリオンセラーを達成してから、第一線で走り続けているロックバンドです。当時、ブレイク直後から2枚のアルバムが同時に完成するほどの早いペースで楽曲をつくり続け、そのアルバムを発表した後に活動を休止していました。1年半にわたる活動休止明けの新曲が、この『終わりなき旅』だったのです。その状況や歌詞が、あまりにも当時の自分と重なっていました。

　　　難しく考え出すと　結局全てが嫌になって
　　　そっとそっと　逃げ出したくなるけど
　　　高ければ高い壁の方が　登った時気持ちいいもんな
　　　まだ限界だなんて認めちゃいないさ

　現役生の時に第二志望の国立大学に合格したにもかかわらず、あえて自宅浪人という高い壁を選んだのは自分です。それなのに、余計なことばかりを考えて、受験から逃げ出そうとしていたのです。この曲を聴いて、「きっと今の辛い思いは、合格した時の喜びを大きくしてくれるはず」とまた前を向くことができるようになり、肩の荷が下りて、精神的にも軽くなるのを感じました。

「目の痛みがなくなったら、今度は少し余裕をもって勉強していこう」

　いつしか、将来のことを考えられるようにもなっていました。そして、1週間が経ち、目の痛みは軽くなり、金縛りも減っていったのです。

原因不明の目の痛みは3週間で治りました。3週間も受験勉強ができなかったことは大きな痛手でしたが、それ以上に、精神的に強くなるきっかけとなったことは確かです。この時の目の痛みは、気持ちを鍛えるために与えられた試練だったのかもしれません。自宅浪人の不安やプレッシャーを乗り越えて得られた合格は、今の私にとって大きな自信となっています。
　私を失意のどん底から救ってくれた『終わりなき旅』は、このような歌詞で締めくくられています。

　　　嫌な事ばかりではないさ　さあ次の扉をノックしよう
　　　もっと大きなはずの自分を探す　終わりなき旅

　これから受験勉強をしていくなかで、すべてが嫌になる時や、すべてを投げ出してしまいたくなる時がやって来ることでしょう。でも、決して嫌なことばかりが続くわけではありません。それに、高い壁を乗り越えた時のほうが、その喜びは大きくなるのです。あなたも、人生で一番の喜びを味わうために、合格を目指して頑張っていきましょう！

受験勉強の努力は、未来のあなたの自信となる！

ワークシート 4 「目標と現状の差」を考えよう！

　学校の定期テストとは違い、受験勉強を進めるためには長期的な勉強計画をつくる必要があります。この時、目標と現状の差をどのように埋めていくのかを意識して、徐々にステップアップしていけるような計画をつくることを心掛けて下さい。

　ワークシート3では、受験での目標となる志望校のボーダーラインを調べました。ここでは、あなたの現状を調べるために、最近の模試の結果からセンター試験の換算得点を計算します。志望校のボーダーラインとセンター試験の換算得点を比べることで、目標と現状の差を把握することができるでしょう。

　計算が多くて大変な作業になるかもしれませんが、あなたにあった勉強計画をつくるためにも、このワークシートにはしっかり取り組んで下さい。

各科目の現状を知ろう

　もし、今の学力で昨年度のセンター試験を受けたら、いったい何点取れるのでしょうか？　受験勉強のスタート地点を見極めるために、現時点での学力を把握します。得意科目と不得意科目を知ることで、あなたに合った勉強計画を立てましょう！

　ここでは、各科目の現状を把握するために、最近の模試の結果から昨年度のセンター試験の換算得点を計算します。次の二つのステップにしたがって表を埋めて下さい（実際にセンター試験を受けた浪人生は、その点数と偏差値を書いても結構です）。

ステップ1　各科目の好みと、最近の模試の結果をまとめよう

　受験で使う科目の好みと、最近のマーク模試と記述模試の得点、偏差値をまとめましょう。マークと記述の片方しか分からなければ、分かるほうだけ埋めて下さい。

科目	好　　　　嫌　　　　1 2 3 4 5	マーク		記述	
		得点	偏差値	得点	偏差値
英語	⊙	115	51.4	95	52.0

（記述例）

ステップ2　センター試験の換算得点を計算しよう

最近の模試の偏差値から、次の手順でセンター試験の換算得点を計算しましょう。

① マーク模試と記述模試のどちらの結果をもとに計算するかを決めて下さい。センター試験はマーク形式なので、できる限りマーク模試の結果を使いましょう。

② **ステップ1**の表から、模試の偏差値を下表の「偏差値」に書き写して下さい。

③「独立行政法人 大学入試センター」のwebページなどで、昨年度のセンター試験の「標準偏差」と「平均点」を調べて、下表に書いて下さい。

④ 次ページの**換算得点の計算式**をもとに、センター試験の換算得点を計算して下さい。計算結果を、下の表の「換算得点」に書いて下さい。

科目	最近の模試	昨年度のセンター試験		
	偏差値	標準偏差	平均点	換算得点
英語	51.4	42.05	124.15	130

（記述例）

【換算得点の計算式】

$$([偏差値]-50)\times[標準偏差]\div10+[平均点]$$

小数点以下は切り捨て。換算得点が満点を超えたり、0点を下回ったりした場合は、それぞれ「満点」、「0点」とします。なお、この式は、おおよその換算得点を計算するための式だと考えて下さい(実際には、より複雑な計算をする必要があります)。

目標と現状の差を考えよう

達成すべき目標を決めて現状を把握したら、その差について考えます。その差を埋めるべき勉強計画を立てて、その計画を実行していけば目標は達成できるわけです。

ここでは、**ワークシート3**で宣言した目標と「各科目の現状を知ろう」でまとめた現状との差を考えます。以下の手順で次ページの表を埋めながら、現時点での目標達成率を計算しましょう。

❶ここまでの二つの表にまとめた最近の模試の得点と偏差値、センター試験の換算得点を次ページの表の「現状」に書き写して下さい。
❷目標は「(センター試験や模試の)得点」または「偏差値」とします(ほかに数値化できる目標があれば別のものでも構いません)。あなたがこれから目標とするものを決めて、目標の下の(　　)内に書いて下さい。
❸**ワークシート3**に書いたボーダーラインをもとに、科目ごとに目標を決めて次ページの表に書いて下さい。❷で目標を「得点」とした場合は、全科目の合計得点がボーダーラインを超えるようにします。「偏差値」とした場合は、全科目の平均偏差値がボーダーラインを超えるようにします。
❹達成率(「現状」÷「目標」×100)を計算して、次ページの表の「達成率」に書いて下さい。

科目	現状			目標 ( )	達成率
	得点	偏差値	換算得点		
英語	115	51.4	130	180	72%

（記述例）

大ステップごとの目標を設定しよう

　目標と現状の差を把握したら、その差をどのように埋めていくかを考えます。ここでの「大ステップ」とは、数か月単位のステップとします。次ページの表において、「科目」の右側に五つの空欄があります。ここには、あなた自身でその期間を決めて書いて下さい（下記参照）。

　例1：「1学期」「夏休み」「2学期」「冬休み」「センター試験まで」
　　　（期間で区切る）
　例2：「4・5月」「6・7月」「8・9月」「10・11月」「12・1月」
　　　（月で区切る）

受験までの全体計画を立てる時には、科目間のバランスを考えることが大切です。受験勉強をスタートする時は、英語や数学のように対策に時間を要する科目から始めたほうが効率的です。数学と比べると理解するべき要点が絞られる理科や、暗記が中心となる社会を本格的に勉強するのは、その後でも大丈夫でしょう。

　また、学校や予備校のスケジュールを意識することも忘れないで下さい。学校のイベントや部活などがある時は、勉強時間が減ることを見据えて、無理のない目標にしておきましょう。

科目					
英語	140	150	160	170	180
スケジュール					

記述例

第5章
限られた時間で結果を出す「勉強法」

それぞれの時期で
注意すべきポイントとは？

名古屋大学のキャンパス

成果が出ない人に共通する間違った勉強法

　第4章のワークシートでは、目標と現状の差について考えて、その差を埋めるための数か月単位の目標をつくりました。ここでは、この目標を達成するための具体的な勉強法についてお話しします。ぜひ、今までのあなたの勉強法と比較しながら読み進めて下さい。

　章末の**ワークシート5**では、**ワークシート4**で考えた目標を達成するための勉強計画を立てていきます。数か月単位の勉強計画から1週間単位の勉強計画へと具体化していく大切なワークシートですので、これからどのように受験勉強を進めていくかをイメージしながら読み進めていきましょう。

　私が塾の講師をしていた時、「いくら勉強をしても成績が伸びない」と言って塾に入ってきた生徒がたくさんいました。このような生徒を何年間も指導したことで、ある時、勉強の成果が出ない人には共通点がある、ということに気が付いたのです。

　その生徒達は、決して頭が悪いなんてことはありませんでした。ただ単に、勉強のやり方が間違っているだけだったのです。多くの受験生は、成績が伸びないのは勉強時間が足らないからだと考えています。ところが、私の生徒の多くは、勉強のやり方を変えるだけで学力を伸ばすことができたのです。

　以下に、成果が出ない人に共通している勉強法をまとめました。「自分にもあてはまるかも……」と感じるものがあったら、勉強のやり方を変えるだけであなたにも学力が伸びるチャンスがあるということです。

①完璧を目指そうとする

　テキストの内容を、一度にすべて理解して覚えようとする人がいます。私が授業をしている時にも、私が話した内容を一字一句逃さずにメモをと

る生徒がいました。ところが、話した内容を全部メモにとってしまうと、復習する時に大切な情報が埋もれてしまって、重要なことが確認しにくくなってしまうのです。

　私が説明をする時には、重要なところを強調するようにしています。あなたが勉強をする時にも、今すぐ覚えるべきところを優先して勉強を進めてみて下さい。時には、「今はまだ覚えなくても大丈夫」という判断をすることも必要です。

②ノートをきれいにまとめすぎる

　特に女性に目立つのが、ノートをきれいに書きすぎてしまうという光景です。授業中に一生懸命ノートをとりすぎるあまり、私の説明を聞き逃している生徒もいました。また、このような人は、ノートをきれいに書いたことに満足してしまい、見直さずに終わってしまうことも多いようです。これでは本末転倒です。

　ノートは復習するためのものですから、自分さえ読めれば大丈夫です。また、新聞のようにびっしりとまとめるよりも、適度にスペースをつくっておくほうがいいのです。なぜなら、復習する時にメモを書き足すこともできますから。

　もちろん、男性もノートのとり方には注意をする必要があります。私の生徒が、

「自分の字が汚くて読めねえよー！」

と、テスト直前に嘆いていたことを今でも忘れません。講師経験の長い私でも彼の字を解読することはできず、残念ながら救いようがありませんでした。せめて、自分が読める程度にはきれいに書きましょう。

③分からないことがあると止まってしまう

　勉強していて分からないことがあった時、解決しないと先に進めない人

がいます。途中で分からないことがあっても、その先により分かりやすい説明があったり、先の内容を知ることで簡単に解決できたりすることもあるのです。

　理解できないことがあっても、とりあえず印を付けるだけにしておいて、そのまま先に進んでみましょう。まずは、分かることと分からないことを分類するだけでも構わないということです。分からないことは、後で先生や友人に聞いて解決することもできますから。

④読んで理解できたら満足してしまう

　テキストを読んで理解できたら、それで勉強を終えてしまうという人がいます。私が塾の講師をしていた時も、私の説明を聞いて分かった気になってしまう生徒がいました。

　しかし、授業で聞いたことを理解できるレベルと自分で問題を解けるレベルは大きく違います。聞くだけ、読むだけ、といった勉強だけではなく、手を動かして問題を解くことを意識して下さい。

⑤人に聞かずに自分で解決しようとする

　「こんなことを聞いたら恥ずかしい」と思って、分からないことをそのままにしていませんか？　または、人に聞かずに、自分１人で考え続けていることはありませんか？

　自分で５分考えても分からないことは、１時間考えても分からないことが多いのです。また、あなたが疑問に思うことは、たいていほかの人も疑問に思っているものです。恥ずかしいなんて思わずに、分からないことは先生や友人に聞いてしまいましょう。

⑥復習をしない

　言うまでもなく、復習は大切です。ところが、頭では分かっているのに、実際には復習を疎かにしている受験生が多いのです。一度勉強をすると、

それで頭に入ったような感覚になってしまうのでしょう。また、復習する時間があるなら先に進みたいという気持ちが働くのかもしれません。でも、勉強したことを記憶に定着させるためには繰り返しの復習が必要です。とはいえ、どのように復習をするべきなのかが分からない人も多いでしょう。

　一度理解をしたことのある内容を振り返る時には、すでに納得しているので復習はしやすいものです。ただ、英単語のように単純に暗記をしなければならないものについては、きっと苦手な人も多いでしょう。実際、たくさんの受験生から「いくら見直しても覚えられない」と相談されたことがあります。これを踏まえて、次の項目では、暗記が苦手だった私でも実際に覚えられるようになった暗記法を紹介します。

覚えることが苦手な人のための暗記法

　私は、何かを覚えることがとても苦手です。数学や理科のように理屈を理解していく科目は好きなのですが、英語や社会のように暗記する量が多い科目は決して楽しいものではありませんでした。いくら勉強をしてもなかなか覚えられないのです。「本当に暗記力がないんだなぁ……」と、いつも嘆いていました。

　ところが、あることを意識し始めてから、勉強したことを覚えられるようになったのです。あれだけ苦手だった英単語の暗記も無理なくできるようになりました。確実に暗記をするにはコツがあります。そのコツとは、復習のタイミングです。

　このコツを理解するためには、まず時間と記憶量の関係を知ることが重要となります。次ページの四つのグラフは、勉強してから経過した時間と、頭の中に残っている記憶量の関係を表したものです。人によって多少の差はあるものの、勉強した後の記憶量は、次のいずれかの曲線を辿ると言われています。さて、正しい曲線はどれでしょうか？

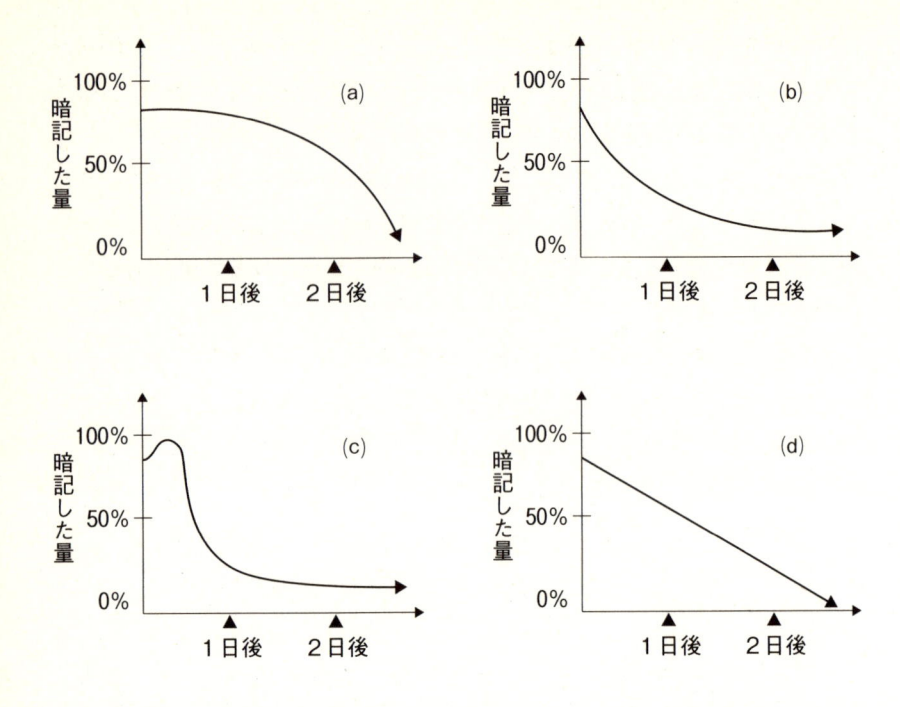

(グラフ (a)、(b)、(c)、(d): 暗記した量のグラフ、横軸は1日後・2日後)

　正解は（C）です。勉強した後の記憶量はいったん上昇します。少しの間上昇したら、一気に落ち込む曲線を描いて、やがて水平となります。短時間にせよ、勉強後に記憶力は上昇するのです（『頭がよくなる本』トニー・ブザン／佐藤哲・田中美紀訳、東京図書、1982年、78、80ページ）。

　勉強した直後から、脳の中では新しく入ってきた情報がつながり始めます。新しい知識をしっかり結び付けるためには、数分の時間が必要だということです。ただし、上昇した後にやって来る下降のスピードは、悲しいくらい急速なものです。でも、この急激な記憶量の下降を食い止める方法があるのです。

　それは、小まめに復習をするということです。復習は翌日に、または、ある程度の時間が経ってからするという人も多いでしょう。でも、小まめに復習をすることで急激に忘れていくことを防ぎ、勉強の効果を大きくす

ることができるのです。一般的に、勉強したことをずっと忘れずにいるためには、10分後、1日後、1週間後、1か月後のタイミングで定期的に復習を繰り返すとよい、と言われています。

きっと、「なんだか、復習ばかりで大変だなぁ……」と感じたことでしょう。でも、1回の復習に時間をかける必要はありません。例えば、英単語を一つずつじっくりと覚えていき、1時間で100個の英単語を見ることができるとします。

しかし、この方法よりも、30分で100個すべてに素早く目を通して、残りの30分でもう1周するほうが頭には残りやすいものです。さらに、1周目の時に、すでに知っている単語に印を付けておけば、2周目の時は知らない単語を集中して確認することもできます。1回ですべてを覚えることは諦めて、目にする回数を増やすことが暗記を得意にする秘訣なのです。

関連することはまとめて覚えよう

もう一つ、暗記にまつわるお話をしましょう。まず、下の14文字のアルファベットを10秒くらいで覚えて下さい。

E T H S P A S U Y O M E X A

では、上の文字列を隠して下さい。左から、「E」、「T」と続きましたが、どのあたりまで思い出すことができますか？ 覚えた文字を書き出してみて下さい。書き出したら、上の文字列とどれくらい合っているかを確認してみましょう。

いかがでしたか？「簡単に覚えられた」という人は素晴らしい記憶力をもっています。この項目は、きっと読み飛ばしてしまっても大丈夫でしょう。ただ、ほとんどの人が「14文字なんて覚えられない……」と感じたは

ずです。でも、安心して下さい。私がチャレンジしても、おそらく覚えられませんから。

それでは、今度は次の14文字を覚えて下さい。

THEPASSYOUEXAM

この二つの文字列はほとんど同じものです。まず、一つ目の文字列を3、4文字ごとに区切ります。区切ってできたそれぞれの文字列において、1文字目を最後に移動すると二つ目の文字列になります。

(ETH SPAS UYO MEXA → THE PASS YOU EXAM)

同じ14文字なのに、きっと二つ目の文字列のほうが覚えやすかったはずです。これは、なぜでしょうか。二つ目の文字列のほうが覚えやすいのは、意味のある単語の文字列を、まとめて一つの固まりとして覚えていたからです。このように、頭の中で覚える時の知識の固まりのことを、認知心理学の分野では「チャンク」と言います。

一般的に、人は短期的に5〜9チャンクを覚えられると言われています。記憶力がある人でも、一時的に覚えられるのは電話番号くらいの長さというわけです。一つ目の文字列は14チャンクでした。一方、二つ目の文字列は4チャンクなので覚えやすかったのです（『海馬　脳は疲れない』池谷裕二・糸井重里、新潮文庫、2005年参照）。

さらに、単語を並び替えて

YOUPASSTHEEXAM

とすると、文章として覚えられるので1チャンクとなります。これなら、たとえ1時間後でも簡単に紙に書き取れるでしょう。

まとめて覚えることの大切さは、きっと何度も聞かされてきたはずです。その効果を、きっと実感してもらえたことでしょう。何かを覚える時には、関連するものをまとめて覚えることを意識するようにして下さい。

理解には三つのレベルがある

「参考書をたくさん読んでいるのに、全然問題を解けるようにならない」

このように悩んでいる受験生もきっと多いことでしょう。間違った受験勉強をしていると、いくら頑張っても効果は表れません。

一般的に、理解には次の三つのレベルがあります。あなたが普段、どのレベルの勉強をしているかを考えながら読み進めて下さい。

①**聞いたり読んだりした内容を、納得することができる**

授業で聞いたり、教科書を読んだりしたことを理解できるレベルです。参考書を読む、単語帳を眺める、という知識を取り入れるタイプの勉強にあたります。多くの人が、このレベルの勉強で止まってしまっています。

②**納得した内容を、実践することができる**

問題を自力で解くことができるレベルです。このレベルに到達するためには、答えを見ないで問題集を解く、単語の意味を見てスペルを書き出してみる、という頭から知識を引き出すタイプの勉強が必要になります。

つい①のタイプの、読むだけ、聞くだけの勉強をしている人が多いのですが、試験で問われるのはこのレベルです。そして、次の③のレベルまで進むとさらに理解が深まります。

③**実践した内容を、他の人に教えることができる**

②は自分自身で納得できれば十分なレベルですが、③はほかの人を納得させることができるレベルです。自分自身では中途半端な理解でも乗り切れてしまいますが、ほかの人に説明する時は、少しでも曖昧なところがあると納得してもらえません。

ほかの人に教えるためには、自分が理解していることを頭の中で整理して、相手に分かりやすい方法で伝える必要があります。この過程のなかで、あなた自身の理解度もさらに上がるのです。

　まず、理解には三つのレベルがあるということを意識して下さい。そして、①ではなく②のレベルに届くような勉強をしましょう。その時のコツは、「書く」、「話す」というような知識を引き出すタイプの勉強をすることです。そして、あなたが理解できたことは周りに伝えてみて下さい。あなたも、周りの友人も理解が深まるはずです。
　この本も、読んでうなずくだけではなく行動に移しましょう。本書では、頭の中の考えを引き出すきっかけとして各章ごとにワークシートを掲載しています。ぜひ、本の内容を普段の生活のなかで実践したり、気付いたことを書き留めたりして下さい。

（上）同志社女子大学の正門

（左）同志社大学今出川キャンパス

問題集を選ぶ時のポイント

　受験勉強を進めていくためには問題集が不可欠です。よい問題集を買い揃えている受験生もきっとたくさんいるでしょう。でも私は、どの問題集を使うべきかということについてはそれほど大切ではないと考えています。
　私が自宅浪人をしていた時は、ほとんどの科目を学校の授業で使った問題集で勉強していました。それでも、偏差値は80を超え、結果的に東京工業大学に合格できました。よほど悪い問題集でなければ、正しく使いこなすことで学力を上げることはできるのです。そのため、この先の勉強法の項目においても、問題集の使い方に重点を置いて説明をしていきます。
　とはいえ、よい問題集と出合いたいという受験生も多いことでしょう。自分に合う問題集と、そうでない問題集を見分けるのはなかなか難しいものです。そこで、ここでは新しい問題集を買う時のポイントを二つお伝えします。

①**扱っている内容や問題のレベルと量が適切か**
　まず、あなたがその問題集に取り組むことによって、どのレベルを目指すのかどうかを意識して下さい。一般的によいとされている問題集が、必ずしも今のあなたに合っているとは限りません。あなたの現状と、目指すレベルの差を埋められる問題集を選ぶべきです。問題集を買う時は、表紙や「まえがき」に書かれている対象レベルや「目次」などを確認するとよいでしょう。

②**解説が分かりやすいか**
　解説の分かりやすさが大切だということは知っていても、それをどうやって判断するかは難しいものです。解説が分かりやすいかどうかを見分けるコツは、あなたがすでに理解できている問題と、理解できていない問題

について、その両方の解説を確認することです。

すでに理解できている問題であれば、その解説がどれくらい分かりやすいかを判断することができます。また、分からない問題の解説を読んでみて、どれくらい丁寧で、シンプルな説明がされているかを確認して下さい。もし、簡単に読み流すだけでも理解することができたのなら、それはよい解説だと言えます。

以下では、受験勉強を始めてから試験本番を迎えるまでを次の三つの期間に区切り、期間ごとに意識しておきたいことをまとめていきます。

　　導入期：中間・期末試験レベル
　　洗練期：センター試験・一般私大レベル
　　完成期：国公立２次試験・難関私大レベル

導入期（中間・期末試験レベル）の勉強法

まず、受験勉強の導入期に意識しておきたいことをお話ししましょう。

①求められるのは理解力と記憶力

試験本番では、与えられた時間内で正しい解答を導き出すことが求められます。そのためには、次の三つの力をつけなければなりません。

　　ステップ１：理解力（納得して頭に入れる力）
　　ステップ２：記憶力（頭に入れた知識を保持する力）
　　ステップ３：解答力（知識から解答を導き出す力）

中間・期末試験レベルの知識を身につける導入期では、特に理解力と記憶力が重要となります。短時間で素早く解答するテクニックなども重要で

すが、受験勉強を始めたばかりのこの時期は、知識を蓄えることに集中しましょう。

　まず、勉強したことを納得して頭に入れるための「理解力」が必要です。すでにお話ししたとおり、何かを記憶する時には、まとまりや結び付きを意識することが大切です。新しいことを理解する時にも、今ある知識と結び付けて納得できるかどうかがポイントとなります。つまり、今勉強している内容が、科目全体のなかでどのような位置づけにあるのか、またほかの内容とどのように関連しているのかを常に意識しましょう。

　新しい参考書や問題集に取り組む時は、まず目次に目を通して、全体構造をつかむように心掛けて下さい。全体の流れを把握したら、テキストの中身に入ります。ただし、1ページずつじっくりと読む前に、テキスト全体をパラパラとめくってみて下さい。テキスト全体を軽く読み流すことで、全体構造をより深くつかむことができます。この作業は数分程度で構いません。タイトルや見出し、太字や色つきで強調されているところを眺めていくだけでも十分に効果はあります。

　この導入期では、解答の土台となる知識をひととおり身につけることを優先します。もちろん、分からない問題を見た時にじっくり考える姿勢も大切ですが、この時期は、早く見切りをつけて解答を見てしまうことも重要なのです。

　レベルの高い問題を解くためには、多くの知識を結び付けなければなりません。知識が十分に蓄えられていないと、じっくり考えても答えには辿り着けないわけです。分からない問題は、解説を理解して知識を蓄えることに集中して下さい。

　そして、一度頭の中に入れた知識は、そのまま記憶として保持しなければなりません。そこで必要となるのが「記憶力」です。次ページの数式のように、脳に記憶できる量は理解度と目に触れた時の印象の強さ、そしてその回数で決まります。

記憶力＝理解度 × 印象の強さ × 回数

　何かを覚えようとしても、自分で納得して覚える時と、よく分からないことを頭に入れる時では定着のしやすさに差が出ます。そして、印象の強さは、集中できる状況で勉強しているかであったり、何かの経験と結び付いた記憶であったり、頭に残りやすい状況でその知識に触れたかどうかで決まります。

　例えば、1人で勉強した内容よりも、友達と教え合いながら勉強した内容のほうが覚えているものです。その時の友達の言葉や場の雰囲気などが、勉強した内容と結び付いているわけです。このような記憶を「エピソード記憶」と言い、単純に記憶するよりも定着しやすいと言われています（E.Tulving［1972］*Episodic and semantic memory, in Organization of memory* 参照）。

　そして、最後の回数については、すでにお話ししたとおりです。一度勉強したことは、繰り返し復習することで記憶に残りやすくなるのです。

②武器となる科目をつくる

　できるだけ早い段階で、誰にも負けないと思えるくらいの得意科目をつくりましょう。一つでも武器になる科目をつくることができれば、それが自信につながります。また、得意科目の勉強法は、ほかの科目にも必ず活かせるはずです。最初は、好きな科目を受験勉強の軸に考えてもよいでしょう。苦手科目の間に好きな科目の勉強をすることで、よい気分転換にもなります。

　なお、苦手科目については、受験勉強のスタートラインを見誤らないように注意して下さい。基礎が抜けている受験勉強は、すべてを単純に暗記していくしか方法がありません。暗記に頼ろうとしても覚えられる量には限りがありますし、何よりも、覚えるだけの勉強は楽しくありません。

　一つ一つを理解しながら覚えていくためには、すでに理解できている内

容と、初めて知る内容を結び付ける必要があります。基礎から理解を積み上げていくためにも、受験勉強のスタートラインを見誤らないように注意して下さい。ちなみに、国語、理科、社会の3科目は、高校の範囲に絞って振り返れば問題ありません。ただし、英語と数学は、必要であれば中学の内容までさかのぼって復習をする必要が出てきます。

③完璧な問題集をつくる

　導入期では、勉強習慣を身につけて、自信を高めていくことが大切です。さらに、問題を解ける感覚を育てるために、完璧にマスターしたと思えるような問題集を1冊つくることを目指しましょう。ここでは、私自身が完璧な問題集をつくるために取り組んでいた「正の字勉強法」を紹介します。

　この勉強法のポイントは、初めは分かる問題と分からない問題に分けるだけでいいということです。一度ですべてを理解しようとするには時間がかかりますし、ひょっとしたら、途中で嫌になってしまうかもしれません。時間をかけて1周するよりも、素早く3周したほうが効果は上がるのです。

正の字勉強法

①問題を解いて、解けなかったものには「一（正の一画目）」を、もう解かなくていいと判断したものは「×」を問題番号の隣に書きます。ページ番号の側に解いた日付を書いておくと、復習するタイミングの目安になるでしょう。

②「×」が付いていない問題を再び解きます。ここでも、解けなかった問題には「正」の字を一画書き加えて下さい。もう解かなくていいと判断したものは「×」を書きましょう。

③②を繰り返すと、あなたにとって不得意な問題が「正」の字になって浮き出てきます。あとは「3画以上の問題を解き直す」や「2画以上の問題に目を通す」など、状況に合わせて復習をして「×」の問題を増やして下さい。

洗練期(センター試験・一般私大レベル)の勉強法

続いて、センター試験や一般私大レベルの勉強をする時に意識すべきことをまとめます。

①求められるのは解答力と分析力

前の項目でもお話ししたとおり、与えられた時間内で正しい解答をつくることが試験の本番では求められます。そのためには、次の三つの力が必要となります。

ステップ1:理解力(納得して頭に入れる力)
ステップ2:記憶力(頭に入れた知識を保持する力)
ステップ3:解答力(知識から解答を導き出す力)

導入期では、理解力と記憶力についてお話ししました。洗練期では、ステップ3の「解答力」を身につけることを意識しましょう。そのためには、何より手を動かして勉強することが大切です。つまり、読んだり聞いたりするだけの勉強ではなく、実際に解答を書く勉強をして下さい。

特に、記述式の解答に慣れる必要があります。記述式の解答には苦手意識をもっている受験生が多いかもしれませんが、最初は真似ることから始めてみて下さい。模範解答を何回か写してみると、自分なりの解答の流れや決まり文句などが定まります。

また、洗練期では、限られた試験時間を効率よく使うための戦略を練る「分析力」も必要となります。模試や過去問を解きながら、問題の量や難易度、出題傾向を分析して下さい。試験本番までに、効果的に解く順番や時間配分の戦略を立てておくとよいでしょう。

②限られた時間で最大限の効果を出す

受験勉強が進むにつれて、解いておきたい問題集がたくさん出てくるでしょう。でも、試験までの残り時間は限られています。限られた時間のなかで効率よく力をつけるためには、どのように勉強をしていけばよいのでしょうか？

あなたが普段解いている問題は、すべて次の四つのパターンに分類することができます。

（1）試験によく出題されるが、まだ解けない問題
（2）試験によく出題され、すでに解ける問題
（3）試験にあまり出題されないが、まだ解けない問題
（4）試験にあまり出題されず、すでに解ける問題

このなかで最も力を入れて対策しなければならないのは、どのパターンの問題だと思いますか？　もちろん、「（1）試験によく出題されるが、まだ解けない問題」です。ところが、この質問には答えられるのに、実際には（1）の問題に力を入れていない受験生が多いのです。その理由としては、よく出題される問題を知らない、つまり出題傾向を把握していないということが挙げられます。または、解ける問題を解いて自己満足するだけの勉強で終わってしまっていることもあるでしょう。

これらのパターンの問題は、（1）→（2）→（3）→（4）の順番で対策をして下さい。時間に限りがある洗練期には、問題を多く解くことではなく、試験で点数を取れるようにするための問題を解くことが大切なのです。

③私大専願でもセンター対策をしよう

国公立大学を受験する予定はないので、センター試験の対策は必要ないと考えている受験生もいることでしょう。でも、センター試験を受ける予定はなくても、過去問や対策問題集を解くことをおすすめします。

センター試験は、完成するまでに多くの専門家が確認をするため、よい

問題がそろいやすいのです。出題される分野や問題のレベルのバランスがよいため、私大専願の受験生にとっても役立つ問題集となるでしょう。また、過去問は平均点が公表されているので、自分の学力を確認する材料としても使えるはずです。

完成期（国公立2次試験・難関私大レベル）の勉強法

　最後に、国公立2次試験や難関私大レベルの勉強をする時に意識してほしいことをまとめます。

①求められるのは類推力

　完成期に身につけてほしい力は「類推力」です。類推力とは、問題を見た時に、その問題の難しさや解答までの流れ、解答にかかる時間を予想できる力のことです。
　センター試験は、問題量が多いために解くスピードが重要となります。一方、国公立2次試験や難関私大の試験では、問題の量ではなく難易度が上がる傾向にあります。つまり、スピードよりも難しい問題を解く力が問われるわけです。問題の難易度が上がるほど、自分が解ける問題を確実に解いていくことが大切になります。ここで必要となるのが類推力なのです。
　試験がスタートしたら、すべての問題を見わたす人も多いでしょう。この時に高い類推力があれば、それぞれの問題でとることができそうな点数や、解答にかかる時間を予測することができます。そうすると、効率よく点数がとれる順番で問題を解くことができるわけです。
　類推力を身につけるには、経験を積むしかありません。普段から、問題を解く前に、解答の流れや解き終わるまでの時間をイメージする癖をつけて下さい。そして、模範解答の流れや、実際に解くのにかかった時間と比べることを繰り返し続けていきましょう。

②過去問の効果的な使い方

　完成期では、過去問を使っての勉強が中心となります。過去問をうまく使うことが、効果的にラストスパートをかけるためには不可欠です。過去問は、単純に問題を解くという使い方だけではありません。例えば、次のような三つの使い方があります。
　（1）出題傾向の分析や、いくつかの問題を読み流す。
　（2）問題を眺めて解答をイメージし、正解を確認する。
　（3）時間を測りながら問題を解き、正解を確認する。

　試験本番まで十分に時間があるのであれば、（1）→（2）→（3）→（2）の順番で過去問を使うと効果的です。（1）の読み流しは、過去問の難しさや出題傾向を大まかにつかむことが目的です。これは、過去問を手に入れたらすぐに取り組むとよいでしょう。
　続いて、（2）で問題を眺めるのは、類推力を身につけることが狙いです。そして、問題を目にすることで、その難しさや出題傾向を改めて実感することもできます。
　次に、（3）で実際に問題を解くことによって、その時の実力でどれくらいの点数をとることができるのかを知ることができます。また、問題を解くのにかかる時間や自分の弱点を洗い出すこともできるでしょう。ここで分かった弱点は、参考書などに戻って、しっかりと復習をして下さい。
　とはいえ、再び過去問を解き直す際に、（3）のように紙に書いて問題を解くと時間がかかってしまいます。試験直前で時間が限られている時には、（2）のように解答をイメージするだけでも復習の効果は十分にあるでしょう。
　過去問を効果的に使うためには、目的に合わせた過去問の使い方をすることが大切です。そして、試験本番までの残り時間を意識して、柔軟に勉強法を変えていくようにして下さい。これらのことを意識して、試験本番までの時間を効果的に使うようにしましょう。

③試験を受験勉強の一部と考えよう

　受験シーズンに入ると、思うように勉強時間を確保することができなくなります。受験日はもちろんのこと、出願などの手続きや試験の疲れで勉強できる時間はますます限られてきます。

　ここで大切なのは、試験本番も受験勉強の一部と考えるということです。つまり、試験問題を問題集の一つだと考えてほしいのです。解けなかった問題があれば、その日のうちに復習をして下さい。本番で間違えた問題は、エピソード記憶として強く印象に残りますから特に重要となります。そして、次の試験までには必ず弱点を補強しましょう。

　強いスポーツ選手やチームは、試合で戦いながら成長していきます。受験でも、一番学力が伸びるのはこの完成期なのです。笑って受験を終えるためにも、最後まで全力で頑張って下さい。

　本章末の**ワークシート5**では、具体的な勉強計画を立てることになります。勉強計画は、各科目の性質を意識してつくりましょう。ここからは、科目ごとの特徴や大まかな勉強プランをまとめていきます。

　ここでお話しするのは、私自身が受験生の時に意識していたことです。第1章でもお話ししたとおり、自分に合った勉強法は人それぞれ違うものです。ここからの内容は、そのまま鵜呑みにするのではなく、アイデアの一つとして受け入れて下さい。ぜひ、あなたに合うようにアレンジして、より良い勉強法を見つけるきっかけにして下さい。

模試を活用して試験慣れをしておこう！

英語の勉強法

①英語力は四つのスキルの組合せ

英語力は、次の四つのスキルの組合せとなっています。
（1）READING
（2）LISTENING
（3）WRITING
（4）SPEAKING

　（1）と（2）は、言うまでもなく「読む」、「聞く」という情報を受けるスキルです。一方、（3）と（4）は「書く」、「話す」という情報を伝えるスキルです。一般的に、（1）＜（2）＜（3）＜（4）の順に難しいスキルになると言われています。英語力を高めるためには、この四つのスキルを並行して身につけることが大切となります。

　ところが、学校の授業や受験勉強は、どうしてもREADING中心になってしまいがちです。そのため、特にLISTENINGとWRITINGの勉強を意識して取り入れていかなければなりません。そして、この二つのスキルを身につけることでREADINGのスキルも上がっていくのです。

　LISTENINGができるようになれば、話すスピードで英文を理解できるようになります。WRITINGができるようになれば、表現の微妙なニュアンスの違いまで、英文を深く理解できるようになります。つまり、素早くかつ正確に英文を読めるようになるわけです。

　なお、受験ではSPEAKINGのスキルを問われることはあまりありませんが、社会に出てから必要になる人も多いでしょう。今すぐ勉強する必要はなくても、SPEAKINGのスキルも大切だということは頭の片隅に残しておいて下さい。

②英語力は簡単に下がらない

　言うまでもなく、英語も日本語と同じ言語の一つです。私達が子どもの頃、日本語を理解するまでに何年もかかったように、英語を理解できるようになるまでには時間がかかります。でも、一度ある程度のレベルの学力を身につけることができれば、そのレベルは簡単に下がりません。

　このため、英語はできるだけ早い時期に勉強を始めるほうがよいでしょう。英語は、勉強した分だけ着実に実力が伸びていく科目です。ただ、いくら勉強をしても成績が伸びないという壁にぶつかる時が来るかもしれません。私の経験で言うと、マーク模試の点数で130点と150点という二つの壁がありました。

　成績が伸びにくくなった時には、自分に足らないスキルは何かを考え直して下さい。私は、文法や基本構文を確実に理解することで130点の壁を越えることができました。その後、また150点台で伸び止まったのですが、LISTENINGとWRITINGの勉強を始めたところ、英文を読むスピードが格段に上がり、安定して180点付近がとれるようになったのです。

　英語は、いくつかのスキルが合わさったものです。もし、実力が伸び悩んだ時には、自分に足らないスキルは何かを考えて、そのスキルを高めていくことを意識する必要があります。

③英語の勉強プラン

　受験英語は、特にREADING、LISTENING、WRITINGの三つのスキルが求められます。この三つの土台となる力は「文法」と「語彙」です。高３の夏休みまでを目安に、基本的な文法力と語彙力を身につけましょう。「長文問題は分からない単語を類推しながら解こう」というアドバイスをよく耳にしますが、最低限の文法力と語彙力がなければ類推することも難しいのです。焦らずに、土台をしっかりとつくって下さい。

　文法力と語彙力がしっかりしていれば、三つのスキルに直結する「長文読解（READING）」、「リスニング（LISTENING）」、「英作文（WRITING）」

の勉強をした時に効果が出やすくなります。三つのスキルのなかでは、比較的勉強をしやすい長文読解とリスニングの対策を先に始めるとよいでしょう。たくさんの英文を読み聞きすることで、頭の中に英文が溜まっていきます。そうすれば、英作文の勉強も効率よく進むはずです。

英語にはたくさんのスキルがあります。今、自分がどのスキルを身につけようとしているのかを常に意識して、受験勉強を進めて下さい。

数学の勉強法

①苦手なことを才能やセンスのせいにしない

私が高校生の時、数学が得意な友人がいました。中間・期末試験ではよい勝負ができるのに、模試ではいつも大差で負けていたのです。

「やっぱり、自分には数学のセンスが足りないんだなぁ……」

模試で勝てないのは才能やセンスのせい、ずっとそう思っていました。でも、受験勉強を続けていくなかで気が付いたのです。私が模試で点数をとれなかったのは、数学のセンスがないからではなかったということに。勉強のやり方が、中間・期末試験向けのものだったのです。

中間・期末試験は試験範囲が狭いため、ある程度出題される内容が決まっています。ですから、問題ごとの解法パターンを暗記してしまえば、ある程度の点数はとれるわけです。当時の私は、解法パターンを暗記する勉強ばかりをしていたのです。

数学ができないことを才能やセンスのせいにして、逃げ道をつくらないように注意して下さい。これは本当に危険です。無意識のうちに、数学は伸びなくても仕方がないと考えてしまうようになりますから。それでは、受験数学を得意にするためにはどのような力が必要なのでしょうか？

②受験数学に必要な三つの力

ここでは、模試や受験本番で高得点をとるために必要となる三つの力をお話しします。

まず、受験数学に一番必要な力は「なぜ？」を考え抜く力です。「sin」や「log」、「i」などの定義は、数学上の決まり事なので理屈抜きに覚える必要があります。ただ、この定義から導かれる定理や公式は、暗記ではなくて理解をして下さい。つまり、「なぜ、その定理や公式が成り立つのか」を説明できるようになってほしいのです。

『新・受験技法——東大合格の極意』（新評論刊）など、多くの受験対策本の著者でもある和田秀樹氏は、『和田式要領勉強術　数学は暗記だ！』（ブックマン社刊）という本を書かれています。このタイトルだけを読んで、数学は暗記で乗り切れると考えている受験生が多いようです。でも、断言します。受験数学は暗記だけでは通用しません。事実、和田氏はセミナーで次のように話していました。

　　「強調しておきたいのは、解法パターンを覚えるというのは、模範解答の丸暗記ではないということ。『何故そうなるのか』を理解しながら覚えなければ、覚えた解法パターンを使って問題を解けるようにならない」（和田秀樹「今、なぜ読書が必要なのか？」東京国際ブックフェアのセミナー、2011年7月9日）

やはり、「なぜ？」を考え抜く力が大切なのです。納得した状態で頭に入れるからこそ忘れにくくなり、応用が利くようにもなるわけです。

受験数学に必要な二つ目の力は「忍耐力」です。なぜかを考え抜いて、模範解答を理解する。このように読んで理解できるレベルから、解答を見ないで自分で解けるレベルに達するまでには、問題を反復して解く必要があります。そのためには、何回も繰り返し解くことに耐えられる忍耐力が必要となります。

最後に、模試で安定した結果を残すために不可欠なのが「基礎計算力」

です。計算ミスが多いと悩んでいる受験生がたくさんいます。ほとんどの人は「自分はケアレスミスをしやすい性格だから……」と諦めていますが、それは大きな間違いです。計算ミスには必ず原因があります。注意が足りないことによるケアレスミスではなくて、実は、同じ間違いを繰り返していることが多いのです。

　たいていの場合、計算ミスの原因は、分数の計算や正負の乗除算、かっこの展開や因数分解などのように、小学校または中学校レベルの計算にあります。分数の計算はよく出てくるので、もし分数計算が苦手だった場合は計算ミスも自然と増えてしまうわけです。

　計算ミスをした時は、必ずその原因を探って下さい。自分にとってミスをしやすい計算を見つけたら、次にその計算をする時にゆっくりと確実に解くようにすればよいのです。これを繰り返せば、ケアレスミスは必ず減っていきます。

③数学の勉強プラン

　数学は扱う内容が多いため、勉強をしたからといってすぐには結果が出にくい科目です。そこで意識してほしいのは、早く得意分野を一つつくることです。数学には、2次関数や三角関数、指数・対数関数といった関数系や、微分・積分系、数列・行列系、確率など様々な分野があります。内容がまったく違うように感じるかもしれませんが、基本的な勉強の進め方は同じです。

　まず、得意分野を一つつくることで、あなたに合った数学の勉強法を確立するようにして下さい。得意にする分野としてすすめたいのが、高1で学ぶ「数と式」と「2次関数」の2項目です。「数と式」は高校数学における式変形の基本で、繰り返し問題を解いていけば必ず実力がついていく分野です。

　また、「2次関数」は関数とグラフの関係を理解するのに最適な分野です。この内容を確実に理解することが、その他の関数や微分積分の深い理

解につながります。関数と微分積分は出題されることが多いので、この分野の理解が勝負を分けると言ってもいいでしょう。

一つでも得意分野をつくることができれば、数学に対する苦手意識が消えていきます。そうすれば、気持ちに余裕をもって勉強を進められるようになります。

国語の勉強法

①一番伸びやすいのは漢文

国語は「現代文」、「古文」、「漢文」で構成されています。このなかで対策が一番しやすいのが漢文です。現代文は、時間をかければ必ず力が伸びるというものではありません。そして、単語や文法など覚えるべきことが多い古文に対して、漢文は基本的な句法を理解すれば、ある程度の問題は解けるようになります。

また、漢文の問題は、現代文や古文と比べると難易度が低い傾向にあります。漢文をある程度のレベルまで仕上げることができれば、国語で安定した点数がとれるようになるでしょう。

②どうして現代文は伸びにくいのか

前述のとおり、現代文は時間をかけても必ず力が伸びるものではありません。それは、現代文はほかの科目と違ってすでに知っていることが多いからです。ほかの科目は、教科書や参考書に書いてあることを理解して、問題集の問題を繰り返し解いていけば実力はついていきます。でも、現代文は何も勉強していなくても、問題文を読めば書いてあることが理解できてしまうのです。

英語や古文と違って、現代文は意味を知っている単語ばかりが出てきます。ここが現代文の厄介なところなのです。文をスラスラと読むことがで

きるので、書いてある内容を理解できたと思い込んでしまうのです。

とはいえ、これは表面上の理解にすぎません。つまり、各単語の意味は分かっても、文章の論理的なつながりや文章全体の構成を正しく読み取れていないことが多いのです。普段、友達と話している会話のなかでも、簡単な言葉しか使っていないのにもかかわらず勘違いが生まれることがあるでしょう。まして、試験で出てくるような文章であれば、勘違いが生まれてしまうのは仕方のないことなのです。

このことを知らずに勉強していると、文章の意味は分かっているつもりなのに、どうしても点数が上がらないという状態になってしまうわけです。受験で必要とされる現代文の力は、文章を論理的に捉える考え方や文章全体の構成を読み取る力です。このことを意識して、現代文の勉強を進めてみて下さい。

③国語の勉強プラン

国語は、勉強の成果が出やすい古文と漢文を早めに仕上げるとよいでしょう。ほかの科目とのバランスから、国語には多くの勉強時間を割けない人もいるかもしれません。その場合は、古文と漢文は並列して勉強するのではなく、古文から漢文、または漢文から古文と一つずつ仕上げていくほうが効率的でしょう。どちらを選ぶかは好みによりますが、私は早く安定した得点源をつくるために漢文から古文の順番で勉強していきました。

前述したように、現代文は時間をかければ伸びるというものではありませんが、試験問題を解くためには慣れが必要なのも事実です。そのため、まず古文と漢文の基礎を勉強するとともに、普段から本や新聞を読む習慣を身につけるようにして下さい。そして、マーク形式の問題集などを解くステップに入るとよいでしょう。

国語は、現代文と古文、漢文それぞれの特徴を抑えて勉強していくことが大切です。ほかの科目の勉強時間を確保するためにも、効率を意識して勉強を進めていきましょう。

理科の勉強法

①勝負を決める重要分野を見極めよう

　理科系の科目は、それぞれいくつかの分野で構成されています。特に、物理や化学には最も大切な分野があり、その分野の理解度が科目全体の学力を大きく左右することになります。

　物理の重要分野は「力学」、化学は「理論」です。このような重要分野は入試で狙われやすく、センター試験はもちろん、どの大学の試験でも必ず出題されます。また、ほかの分野の多くはこの重要分野と深く結び付いていますので、まず重要分野に的を絞って集中的に勉強してみて下さい。この分野をしっかり理解することで、ほかの分野の理解も一気に進むはずです。

　そして、生物はそれぞれの分野の関連性が低いため、一つずつ確実に勉強を進めて下さい。センター試験では各分野の問題が満遍なく出題されるため、勉強した分野から確実に点数をとれるようになっていくはずです。

②2種類の暗記を使い分けよう

　英単語を覚えたり、数学の解き方を覚えたりなど、受験勉強に欠かせないものが暗記です。実は、この暗記は覚え方によって二つの種類に分けることができます。

　一つは、理由を考えずに、ただひたすら覚えていくだけの「単純暗記」です。英単語や古典文法などがこの単純暗記にあたります。もう一つは、なぜそうなるのかという理由を理解しながら覚えていく「理解暗記」です。数学の解法パターンを理解して頭に入れるのは、この理解暗記となります。

　大切なことは、普段からこの2種類の暗記があることを意識して勉強を進めることです。そして、今勉強していることが単純暗記すべき内容なのか、それとも理解暗記すべき内容なのかを見極めることも重要となります。

先にもお話ししたとおり、脳は何かを記憶する時に結び付きを使って覚えていきます。そのため、理解暗記は単純暗記よりも脳に残りやすいのです。

　理科系の科目は、覚えるべき定義や現象、公式などがたくさんあります。それらをすべて単純暗記するのではなく、理屈がある内容については、納得をして理解暗記として覚えていきましょう。単純に覚えるしかない内容も、まとめたり、反復して復習したりすることで効率よく覚えて下さい。

③理科の勉強プラン

　理科系の科目は、英語や数学ほど扱う内容が多くはありません。そのため、本格的な受験勉強は高3の夏休みからでも間にあうでしょう。もし、夏休み以前に重要分野を勉強することができれば、余裕をもって勉強を進めていけるはずです。

　国公立大学を目指している現役受験生は、高3の夏休みの間にそれまで習った内容をひととおり仕上げて下さい。なぜなら、ほかの科目のことを考えると、学校のある日には理科の勉強まで手が回らないはずですから。まとまった時間が確保できる夏休みのうちに、基本をひととおり勉強しておくことが大切です。

社会の勉強法

①できる限り理解暗記をしよう

　社会系の科目は、単純暗記する内容が多いものです。でも、そのなかで、できる限り理解暗記することを意識して下さい。

　世界史や日本史には、それぞれの出来事に必ず関連があります。人と人とのつながりや、時代の流れを意識して勉強を進めていくとよいでしょう。まず、おおまかな時代の流れを把握してから、少しずつ細かい知識を埋めていくようにすると、全体の流れを見失わずに勉強していけるはずです。

また、地理にも理解暗記できる内容はたくさんあります。例えば、それぞれの国は赤道や海との距離から気候が決まります。気候が決まると、取れやすい農作物などが自然と決まってきます。国名や地名などは単純暗記するしかありませんが、できる限り理解暗記するように心掛けましょう。

②単純暗記をするための暗記シート勉強法

　社会系の科目は覚えることが多いため、重要なポイントをノートにまとめている受験生も多いことでしょう。私は暗記が苦手だったので、まとめたノートを何度見直してもほとんど覚えることができませんでした。ノートを読み流しているだけでは、まったく頭に入らなかったのです。

　そこで、単純に読み流すのではなく、ポイントを確認できるようなノートづくりを始めたところ、偏差値を一気に20以上伸ばすことに成功しました。ここでは、私が実践していた「暗記シート勉強法」を紹介します。

　この勉強法では、まずB5またはA4くらいの大きさの白紙を1枚用意します。この白紙に、黒と赤だけを使って重要なポイントからまとめていきます。基本的に、暗記したいキーワードを赤で書いて、そのほかはすべて黒で書きます。たくさんの色を使うと、ペンを持ち替えるのが面倒ということだけでなく、色を変えるたびに「何色にしようかな」と考えてしまうために余計な時間をとられてしまうのです。ほかの色を使ってはいけないというわけではなく、それぞれの色の役割を前もって決めておくことが大切だということです。

　ここでは、赤を使うことに大きな意味があります。英語の単語帳などについている赤い暗記シートをかぶせることによって、赤いペンで書いたところが消えて隠れるのです。これにより、単純にプリントを読み直すのではなく、赤いシートを使って隠れたキーワードが何かを思い出しながら復習することができるようになります。つまり、ポイントをまとめながら独自の問題集がつくれるわけです。さらに、自分でつくった問題なので、エピソード記憶として頭に残りやすくなるという効果もあります。

このプリントはコピーをして、様々な場所に置いておきます。常に持ち歩くことで、空いた時間に見直せるようにするのです。必要に応じて、メモを書き加えてもいいでしょう。プリントの内容をほぼ覚えることができたら、また新しい白紙を用意してプリントをつくり直します。この時、すでに覚えている内容はもう書きません。これを繰り返すことによって、私は苦手な暗記を克服することができました。ぜひ、試してみて下さい。

③社会の勉強プラン

　社会は、覚えた量に比例して学力が伸びていきます。ただ、復習を怠るとすぐに学力が下がりやすい科目でもあります。ほかの科目とのバランスを考えると、やはり対策に時間のかかる英語や数学を先に仕上げていき、社会は高3の夏休み以降に一気に仕上げていくといいでしょう。

　本格的に受験勉強を始める前は、学校の授業と中間・期末試験でできる限り頭に入れてしまうように意識して下さい。受験勉強で初めて目にして覚えていくのと、学校の授業の復習という位置づけで勉強を進められるのとでは、定着のしやすさが大きく変わります。

　社会は、単純暗記ではなく理解暗記で勉強を進めていくことができる内容がたくさんあります。勉強した知識がつながった時、「そうだったのか！」という新しい発見に出合うこともあるでしょう。そうすれば、必ず勉強が楽しくなっていきます。

ワークシート 5 「勉強計画」を立てよう！

　勉強計画を立てる時には、まず受験本番までを見据えたおおよその全体計画を考えます。初めに大きな道筋を考えたら、期間を狭めながら、勉強計画を少しずつ具体的なものにしていきます。ここでは、次の三つのステップで勉強計画を立てていきます。

大ステップ（数か月）

　今日から受験日までの全期間において、どの内容を、どのタイミングでやればよいのかをおおまかに考えます。学校や予備校のスケジュールと、科目間の勉強量のバランスを考えて、無理のない計画を立てて下さい。

中ステップ（1か月）

　大ステップの計画を実行するために、1か月ごとにどのくらい勉強すればよいのかを考えます。計画を立てていて無理が生じた場合は、大ステップの計画を考え直しましょう。

小ステップ（1週間）

　中ステップの計画を、さらに1週間おきに細分化します。1時間にどれくらいの参考書や問題集を進められるのか、そして1日に何時間勉強できるのかを考えれば1週間に勉強できる量は決まるはずです。必ず実現できる範囲で、現実的な計画を立てましょう。ここでも、スケジュールに無理が生じた場合は中ステップの計画を考え直します。

大ステップごとの勉強計画を立てよう

ワークシート4で設定した大ステップの目標を達成するために、やるべきことを書き出しましょう。下の記述例を参考に、次のページの表に記入して下さい。

（記述例）

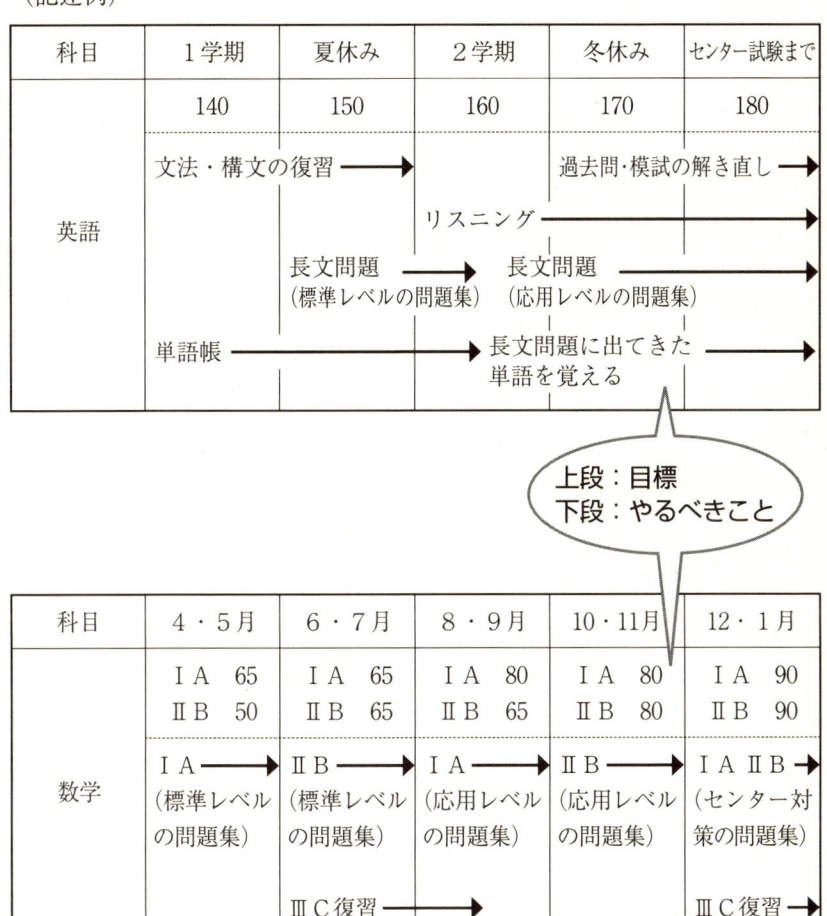

科目	1学期	夏休み	2学期	冬休み	センター試験まで
英語	140	150	160	170	180
	文法・構文の復習 ──────▶			過去問・模試の解き直し ──────▶	
			リスニング ──────────────────▶		
		長文問題 ──────▶（標準レベルの問題集）	長文問題（応用レベルの問題集）──────────▶		
	単語帳 ──────────▶		長文問題に出てきた単語を覚える ──────▶		

上段：目標
下段：やるべきこと

科目	4・5月	6・7月	8・9月	10・11月	12・1月
数学	ⅠA 65 ⅡB 50	ⅠA 65 ⅡB 65	ⅠA 80 ⅡB 65	ⅠA 80 ⅡB 80	ⅠA 90 ⅡB 90
	ⅠA ──▶（標準レベルの問題集）	ⅡB ──▶（標準レベルの問題集）	ⅠA ──▶（応用レベルの問題集）	ⅡB ──▶（応用レベルの問題集）	ⅠAⅡB ──▶（センター対策の問題集）
		ⅢC復習 ──────────────▶			ⅢC復習 ──▶

大ステップ 勉強計画

科目					

中ステップごとの勉強計画を立てよう

　大ステップ1列（数か月）分の勉強計画を、さらに中ステップ（1か月）に分割します。まず、大ステップの一番左の列（英語の記述例では「1学期」、数学の記述例では「4・5月」）の勉強計画をつくりましょう。

　中ステップごとの勉強計画は、定期的に新しいものをつくって下さい。下の記述例の場合、夏休みに入る前あたりに、それまでの勉強内容を踏まえて次の中ステップの勉強計画をつくることになります。

（記述例）

科目	5月	6月	7月（夏休み前まで）
英語		マーク模試　140点	記述模試　偏差値54
	●文法・構文の復習　基本5文型、時制、受動態　　●ターゲット1900　1～300	●文法・構文の復習　不定詞、分詞、動名詞　　●ターゲット1900　301～600	●文法・構文の復習　関係詞、比較　　●ターゲット1900　601～800

　上段：目標
　下段：やるべきこと

科目	4月	5月	
数学		マーク模試　ⅠA 65点　　　　　　ⅡB 50点	
	●ⅠA（標準問題集）方程式と不等式、二次関数、図形と計量	●ⅠA（標準問題集）平面図形、集合と論理、場合の数と確率	

中ステップ 勉強計画

科目			

小ステップごとの勉強計画を立てよう

中ステップ1列（1か月）分の勉強計画を、さらに小ステップ（1週間）に分割していきます。次のページの表に、これから5週間分の計画を書いて下さい。下の記述例は、私自身がセンター試験の直前に実際に書いていたものです。1日の勉強スケジュールなども参考にして下さい。

（記述例）

目標	大学入試センター試験　合計 800点	（英語 180　物理 100　数学 190　化学 100　国語 155　地理 75）			
	あと5週 12/14 15 16 17 18 19 20	4 21 22 23 24 25 26 27	3 28 29 30 31 1/1 2 3	2 4 5 6 7 8 9 10	1 11 12 13 14 15 16 17
スケジュール	15日 調査書請求	22日 センター試験 プレテスト返却	1.3日 外出	10日 試験会場下見	16,17日 センター試験
英語	・センター予想問題集（第1回） ・学校プリント（単語・熟語）	・センター予想問題集（第2回） ・学校プリント（文法・構文）	・センター予想問題集（第3・4回） ・学校プリント（長文問題）	・センター予想問題集（第5・6回） ・学校プリント（英作文）	・復習 ・センター試験プレテスト解き直し
数学	・ニューステージⅠ ・青チャートC 行列	・ニューステージA ・整数問題 復習	・センター予想問題集（第1～3回） ・ニューステージⅡ	・センター予想問題集（第4～6回） ・ニューステージB	・復習 ・センター試験プレテスト解き直し
国語	・黒本（1～6）	・黒本（7～12）	・センター予想問題集（第1～3回） ・黒本（13～15）	・センター予想問題集（第4～6回） ・黒本（16～18）	・復習 ・センター試験プレテスト解き直し ・黒本（19,20）
物理	・アクセス物理（17～19） ・アクセス物理（22～24）	・アクセス物理（20,21） ・アクセス物理（25～28）	・センター予想問題集（第1～3回） ・アクセス物理（29,30）	・センター予想問題集（第4～6回） ・アクセス物理（22～25）	・復習 ・センター試験プレテスト解き直し ・アクセス物理（26～30）
化学	・セミナー化学（11～15）	・セミナー化学（16～20）	・センター予想問題集（第1～3回） ・セミナー化学（21,22）	・センター予想問題集（第4～6回） ・セミナー化学（23,24）	・復習 ・センター試験プレテスト解き直し
地理	・学校プリント（1～3）	・学校プリント（4～6）	・センター予想問題集（第1～3回） ・学校プリント（7,8）	・センター予想問題集（第4～6回） ・学校プリント（9,10）	・復習 ・センター試験プレテスト解き直し

小ステップ 勉強計画

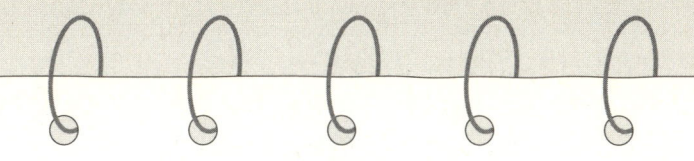

第6章

もっと頑張れる
自分になるための「人間関係力」

夢に向かって
一緒に頑張れる仲間をつくろう

一橋大学のキャンパス

個人の力には限界がある

　第5章までに、受験への心構えから勉強計画の立て方、そして具体的な勉強法まで、受験に必要なことをお話ししてきました。ここまでの内容を参考にすれば、きっと効率よく勉強を進めていけるはずです。
　ところが、勉強法やテクニックを実践することばかり考えていると、より大切なものが見えなくなってしまうという恐れがあります。ここでは、受験に合格することだけを意識しすぎるあまり、目標も自信も失ってしまった受験生を紹介します。

「試験を受ける時は1人なんだから、周りにいる人はみんな敵だ！」

　受験を1人で戦い抜こうと覚悟を決めて、必死に合格するための勉強法を追求した受験生がいました。その結果、彼女は学校を休みがちになり、1人喫茶店で勉強するようになっていきました。学校で友人と同じ授業を受けているようでは、受験には絶対に勝つことができない、こう考えての決断だったようです。
　彼女は学校を休み、ひたすら勉強し続けました。1人で勉強していると途中で邪魔が入らないので、自分のペースで勉強することができます。1日10時間以上にわたって勉強できる日もありました。目標は、学校全体で受けることになっている次の模試で結果を残すことでした。その模試で友人を出し抜いている夢を見るくらい、自信とやる気に満ちあふれた状態のまま模試当日まで受験勉強は順調に進みました。
　必死の受験勉強が功を奏し、模試では点数が上がりました。

「本当に夢のとおりになった！」

　予想どおりに点数が上がったことに興奮した彼女ですが、友人の結果を聞いてまた驚いてしまいました。なんと、友人達のほうが彼女以上に点数

を伸ばしていたのです。

　彼女は焦り、悩みました。効果があると言われている勉強法。誰よりも多かったはずの勉強時間。そして、孤独に負けずに戦い続けた自分。ずっと信じてきたものが、すべて無駄なことだったように思えてきたのです。その後、彼女は勉強をすることが苦痛になり、目標や自信が少しずつ薄れていったのです。

　そんな時、彼女のところに友達からメールが届きました。

「大丈夫？　無理してない？　学校に来て、一緒に勉強しようよ！」

　彼女は、我に返りました。ずっと敵だと思っていた友人が自分のことを心配してくれている。こんな自分でも、友達と思ってくれている仲間のありがたさ……いろいろな想いがこみ上げてきました。

「私は、今まで何と戦ってきたんだろう……」

と、彼女は涙を流したと言っています。

　順位や偏差値、合格と不合格。受験生は、これらの数字や結果に囲まれながら勉強をしていかなくてはなりません。そうすると、多くの人が、自分の価値を周りとの比較や競争に基づいて計るようになってしまいます。つまり、すべてのことを勝ち負けで捉えるようになってしまうのです。自分が勝てば相手が負け、相手が勝てば自分が負け、という考え方が支配するようになってしまうのです。

　友人が成績を伸ばした話や、合格したという噂を聞いた時、素直に喜べなかったということはありませんか？　または、友人が失敗した時に、安心したり、嬉しく思ってしまったりしたこともあるでしょう。

　受験という過酷な状況では、周りのことを気にかける余裕がなくなってしまうものです。でも、大切な友人にさえ敵対心を抱いてしまうというのは、人として悲しいことです。自分の成功しか喜べないなんて、1人で受

験と戦っているようなものでしょう。

　仲間がいることで、実力以上の力を発揮できることもあります。これまでの部活動や中学受験、高校受験を振り返ってみて下さい。

「ライバルがいたおかげで自分も頑張れた」
「同じ目標を目指す仲間がいたから自分も合格できた」

　きっとあなたにも、似たような経験があるのではないでしょうか。まさに、人間関係のなかで「やる気」は育っていくわけです。「やる気」には波があります。弱くなった自分を誰かに支えてもらいながら、時には逆の立場で友人を支えてあげるという関係が大切です。個人では、できることに限界があるのです。

仲間との切磋琢磨があなたを強くする！

協力できる仲間をつくるための考え方

　先日、外を歩いていたら、小学校に入る前くらいの小さな子どもが２人で言い争っていました。
「僕の！」
「ヤダ！」
　通りすぎる人が思わず振り返るくらいの大きな声を出しながら、２人は手をからめながら何かをつかみ合っていました。よく見ると、２人の手の中には大きなビスケットが１枚。どうやら、最後の１枚を取り合っているようです。相手にビスケットをわたしてしまうと自分の分がなくなってしまうので、必死にお互いがわたさないようにしているわけです。
　とうとう、片方の子どもが泣き出してしまい、慌ててお母さんがやって来ました。「半分こにしましょうね」と言って、ビスケットを割って２人にわたしました。その瞬間、子ども達は満面の笑みでビスケットを食べ始めました。ビスケットをほおばる姿を見て、私もつい笑顔になってしまったことを覚えています。
　このように、周りと競争をするのではなくて、お互いに協力しようという考え方のことを「Win-Win」と言います。その反対に、一つのビスケットを争ってケンカする子ども達のように、すべてのことには勝ち負けがあるという考え方のことを「Win-Lose」と言います。
　ほかの人の状況は冷静に見ることができますが、いざ自分のこととなると周りが見えなくなってしまうことがよくあります。特に、「Win-Win」の考え方が必要になる厳しい状況の時にこそ、人は自分のことしか考えられなくなってしまうものです。
　2011年３月11日、東日本大震災が発生した直後、首都圏のスーパーマーケットやコンビニエンスストアで、食料品や乾電池、トイレットペーパーなどの買い占め行為が相次ぎました。ガソリンスタンドに並んだ車の行列

を見て驚いた人もたくさんいるでしょう。

　商品が不足したのは、流通の混乱も原因の一つとして挙げられています。なかには、被災地に送るために大量に購入したという心優しい人達もいるでしょう。でも、ほとんどの人が「周りの人に買い占められる前に自分が買ってしまおう」と、必要以上の数を買っていたのです。限りあるビスケットを争う子ども達のように。

　将来が見えない危機的な状況では、誰もが冷静さと周りのことを考える余裕がなくなってしまいます。でも、このような状況の時こそ「Win-Win」の考え方が求められるのです。

　受験生に限らず社会に出ている多くの大人達が、勝ち負けばかりを意識して生きています。でも、こんな競争ばかりの人生が楽しいと言えるでしょうか。相手のビスケットを奪ってでも食べるその味は、心から美味しいと言えるのでしょうか。ほかの人との勝ち負けではなく、協力してお互いにとってより良い方向へ進もうという意識を忘れないようにして下さい。

　本章の初めに紹介した受験生は、学校の友人と協力して勉強するようになり、それまで以上に成績を伸ばしました。その後、彼女から届いたメッセージには、人として強くなった様子が綴られていました。
「私は、いろいろな人に支えられていることがよく分かりました。今なら、友達は敵じゃなくて戦友だと思えます。周りの人達に、感謝の気持ちをもって勉強できるようになりました。受験生なのに、なんだか幸せです！」

相乗効果を生むための人間関係術

　お互いに協力して高みを目指そうという仲間が集まれば、「１＋１」が「３」にも「10」にもなるという相乗効果が生まれます。ここでは、相乗効果を生み出せる人間関係を築くために意識しておくべきことをお話しします。受験に限らず、大学生になってからも、そして社会人になってから

も忘れないで下さい。

①みんな違うことを受け入れよう

　特に日本人は、周りの人達と同じことをするという習性があるようです。人と違うことをしているだけで不安になったり、知らず知らずのうちに、自分と違う価値観をもっている人を遠ざけてしまうという傾向もあります。

　でも、考えてみて下さい。みんなが同じ考え方をしていたら、相乗効果は絶対に生まれません。仮に仲間が10人集まったとしても、その10人がまったく同じ価値観をもっていたとしたら、その仲間からは一つのアイデアしか出てこないということです。みんなの考え方が違うからいろいろなアイデアが生まれ、相乗効果を生み出すことができるわけです。

　お互いの違いを認めることが、チームワークによる相乗効果を生むための原動力になります。まずは、ほかの人がもっている考え方や価値観を、心から尊重して受け入れるようにしましょう。

②ありのままの自分でいよう

　ほかの人が自分と違う考え方でよいということは、あなた自身もほかの人の考え方に合わせる必要はないということです。あなたは、ありのままのあなたでいればいいのです。

　今までは、周りの人に少しでもよく思われようと振る舞ってきたかもしれません。でも、取り繕うことによってつながっている関係を維持するためには、これから先もずっとあなたは取り繕い続けなくてはいけないのです。素のままのあなたを好きになってくれる人と一緒にいるほうが、きっとあなたも心から楽しく過ごせるはずです。

　ほかの人との相乗効果を生み出すためには、お互いの信頼関係を築く必要があります。そのためには、あなたが本当の自分をさらけ出してもらい部分も見せなければいけません。辛い時に頼れる仲間ができれば、あなたの力は何倍にもなるはずです。

③人の好き嫌いを柔軟に考えよう

　ずっと仲がよかった友達と、ささいなことが原因で口もきかない関係になってしまったことはありませんか？　人のことを「好き」か「嫌い」のどちらかだと極端に考えてしまうと、人間関係が簡単に壊れてしまいます。
　誰にでも、良いところがあれば悪いところもあるのです。ここは好きだけど、こういうところは苦手——このように柔軟な考え方でいるほうが、人の良いところがたくさん見えてくるようになります。物事には、「良い・悪い」とか「好き・嫌い」の二つしかないという極端な考え方をやめるだけで、人間関係の不安やイライラの多くは解消するでしょう。

④仲間と一緒に勉強する日にちや時間は決めておこう

　仲間と協力して、一緒に受験勉強を進めていけるというのは心強い環境です。私が高校３年生の時は、週末も仲間と学校に集まって勉強をしていました。仲間と一緒に勉強するのは、お互いのやる気を維持するためにもおすすめです。ただ、必要以上に一緒にいると、教え合っているつもりが、いつの間にか勉強に関係ない話になってしまって逆効果になるケースもあるので注意して下さい。
　仲間と一緒に勉強する時は、事前に日にちや時間を決めておきましょう。勉強に集中できる環境があってこそ、みんなで一緒にいることの価値が出てくるわけです。自宅浪人をしている場合は、図書館や喫茶店などで勉強するのもよいでしょう。お互いに席がバラバラで、それぞれが別の勉強をしていても、同じ空間を共有するだけで一緒に頑張っている感覚を味わうことができます。

⑤与えることを意識しよう

　最後に、私が人間関係において一番大切にしていることをお話しします。
　人は「○○君に～してほしい」や「○○さんに～をやめてほしい」など、どうしても相手を主語にして物事を考えがちなものです。つまり、相手か

自宅での勉強に疲れたら、図書館や喫茶店に行ってみよう！

ら受け取ることばかりを意識しているわけです。

　大切なのは、受け取るより前に与えることです。第1章でもお話ししたとおり、人に優しくしてほしいと思っているだけでは、その人は優しくしてくれません。優しくしてほしいのなら、先に自分が、その人に対して優しくしてあげることが必要です。

　受験においても、常に周りに与えることを意識しましょう。受験は、試験の情報や効率的な勉強法など、知っているか知らないかで差が出る部分があります。もし、あなたがとっておきの情報やあまり知られていない情報を手に入れた時は、独り占めしようなどという狭い考えはやめて仲間にも教えてあげて下さい。与える姿勢でいると、逆に仲間からもよい情報が伝わってくるようになります。人のためになることをしていると、必ずめぐりめぐって自分のためにもなるものです。

　『マインドリッチ――人生を変える新しい価値観』（講談社、2011年）を著した玉川一郎氏も、「生きる上で不自由のない生活が実現した今、自分が欲しいものを手に入れるための『ハングリー精神』よりも、誰かを幸せ

にするための『ハッピー精神』が人を動かす動機付けになっている」と述べています。ただし、一つ注意をしてほしいことは、与えるのはあくまでも自分ができる範囲で行うということです。玉川氏も同著のなかで、「嫌な気持ちを抱えたままの行動や、見返りを期待しての行動であれば、気持ちが疲れたり見返りがなくなったりした時点で与えるのをやめてしまう」と言っています。自分を犠牲にしてまで頑張る必要はないということです。

「自分への欲」を「他人に向かう欲」に育てよう

　第1章で、「お金持ちになりたい」というような自分への欲は、成長へのエネルギーになるとお話ししました。もう少し踏み込んで説明をしておくと、この種のエネルギーは気を付けないと暴走してしまうことがあるということです。強い人間になるためには、自分の欲望をコントロールする必要があります。

　そのために知っておいてほしいことは、欲望は膨らんでいく性質をもっているということです。1を満たせば2が欲しくなる。2を満たせば3が欲しくなる。このことを意識していないと、いつまでたっても欲望が満たされずに、自分はダメだと感じて不幸になってしまうのです。自分自身の現状に満足しながら、さらに先に向かって頑張っていけるように、自らの欲望をコントロールする必要があるわけです。

　ワークシート1では、あなたが「なりたいもの」、「欲しいもの」、「したいこと」を書き出しました。これらの欲望は、最初はどうしても主語が自分になりがちです。でも、自分自身に関する欲望はあまり長続きしません。この欲望の主語が周りの人になった時、信じられないくらいに大きなエネルギーが湧いてきます。

　「多くの受験生に、夢や目標を達成することの楽しさを知ってほしい」

この想いがエネルギーになって、私は10年以上も受験生を応援し続けることができました。私がこれまで接してきた受験生は、私の期待に応えるかのように精いっぱい頑張ってくれました。生徒の頑張りを感じることで、私もまた生徒のために頑張ろうと感じられるのです。こうして一緒になって頑張れることこそが、チームワークによる相乗効果だと言えるでしょう。

　あなたも、ぜひ周りへの「なりたい」、「欲しい」、「したい」という気持ちを大切に育ててみて下さい。身の周りに、きっと素敵なことがたくさん起こるはずです。

ありがとうの気持ちを忘れない

　私は一度受験に失敗し、1年間自宅浪人をしました。8月まではフリーターとして受験費用を貯めていたので、模試などの受験に関する費用はすべて自分で払っていました。そのため、当時の私は、「お金は自分で払っているのだから、自分は誰にも迷惑をかけていない」なんて思い込んでいたのです。

　でも私は、たくさんの人達に支えられていました。両親は家に籠もりっ放しの私に、さりげなく声をかけてくれました。受験が終わってから、

「体調を壊さないように、食事の栄養バランスとか気を付けてたんだよ」

と、言われたこともあります。

　また、私が勉強の疲れとストレスで目の痛みや夜中の金縛りに苦しんでいた時には、少しでも気持ちよく寝られるようにと、柔らかい枕をプレゼントしてくれた友人もいました。そして、「勉強サボってんじゃねーぞ！」という激励とともに、サボテンをくれた友人もいます（彼の場合は、この一言が言いたかっただけかもしれませんが）。

　これまでの経験を思い返して感じるのは、人間は1人では幸せにはなれ

ないということです。幸せは、ほかの人とのつながりのなかに隠れているものです。「ありがとう」と感じられることも、きっと幸せなことなのでしょう。

そして、誰もが1人ではありません。あなたの周りにも、あなたのことを応援してくれている人がいるはずです。あなたの近くにいる人を見わたしてみて下さい。離れている人のことを思い出してみて下さい。そのすべての人々に対する「ありがとう」の気持ちを、忘れないようにしましょう。

あなたがふと自信をなくした時や不安になった時には、周りにいるあなたの応援団がいつでも助けてくれるでしょう。その時に、あなたが「ありがとう」の気持ちをもっていれば、周りからの言葉を素直に聞き入れられるはずです。時には、感謝の気持ちを言葉にして、直接伝えることも忘れないようにして下さい。

あなたが夢に向かって頑張ることができるのは、周りの人達のおかげです。周りの人達への感謝の気持ちを忘れずに、これからも受験勉強を進めて下さい。

一生消えることのない私の後悔

私には、高校生の時から付き合いが続いている大切な親友がいます。でも、その親友は、以下のような忙しい生活をしているのでなかなか会える機会がありません。

平日：仕事（7：00出勤 ⟶ 23：00退勤）
土曜：仕事（1日中）
日曜：仕事（午前中）

1か月に3日は休日をつくるようにしているようですが、忙しい時には

1か月連続で出勤する時もあるとのことです。これだけ仕事をしても、彼の職場は残業手当なんてものはありません。「悲惨な職場だなぁ……」と感じたかもしれませんね。さて、彼の職業は何だと思いますか？

　実は、彼は公立高校の先生なのです。学校の先生が、いかに過酷な仕事かが分かるでしょう。それなのに、生徒の前ではそんな素振りを見せることはありません。ですから、高校生の時は気付きにくいのです。学校の先生が、どれだけ感謝するべき存在なのかということに。

　私は高校3年生の時、どうしても担任の先生のことを好きになれませんでした。数学の教師だったのですが、その教え方が私に合っていなかったのです。「好きになれない」なんて柔らかい表現を使いましたが、当時の私の言動はひどいものでした。教室の中で、「あの先生、教え方が分かりにくくない？」と大声で話した直後に振り向いたら、先生がすぐ後ろに立っていたということもありました。教え方が自分に合わないというだけで、ダメな先生のように感じていたのです。受験で数学を使うことになるので、焦っていたのかもしれません。

　結局、先生に一度も感謝の気持ちを伝えることなく、私は学校を卒業してしまいました。今でも、「自分は、なんて器の小さい人間だったんだろう」と申し訳ない気持ちになります。

　もしかしたら、あなたにも心当たりがあるかもしれませんね。ある受験生から、次のような相談を受けたことがあります。

「学校よりも、予備校の授業のほうが分かりやすいんです。つい、学校に行っても意味がないと思ってしまいます」

　もし、あなたも同じように感じていたら、今すぐ考えを改めて下さい。学校と予備校とでは、そもそも行く目的が違います。学校は勉強をする場であるとともに、友人や先生とコミュニケーションがとれる場であり、部活動や委員会活動などを通して社会で生きる力を養う場なのです。どうか、受験のことだけしか頭にないような、器の小さい人間にはならないで下さい。

担任だった先生は、私が東京工業大学を目指していることを知って、過去問を集めてくれました。また、難易度が近い私大の一覧表などの進路資料をつくってくれたこともあります。ひどい言動ばかりをしていた私のために、貴重な時間を割いてつくってくれたのです。
　先生には、申し訳ない気持ちと感謝の気持ちでいっぱいです。この後悔は、一生消えないだろうと思います。みなさんも、どうか先生への感謝の気持ちを忘れないで下さい。

周りのために行動してみよう

　本章では、人間関係というテーマのもと、ほかの人と協調して相乗効果を生み出そうという話をしてきました。これまでの内容を踏まえて、最後にあなたにお願いしたいことがあります。どんなささいなことでも構わないので、周りのためになる行動を実践して下さい。
　私がずっと受験生を応援し続けていて感じるのは、周りに何かを与え続けていると、与えたもの以上のことが返ってくるということです。誰かに与えたエネルギーがめぐりめぐって自分のところに返ってくる感覚、これは実際に感じてもらわないと分からないでしょう。あなたが一度でもこの感覚を味わうことができたら、人として、ひと回りもふた回りも大きくなれることを約束します。
　そのためには、まずあなたから行動を起こすことです。ぜひ、周りの人達に何かを与えてみて下さい。友達に、「お互い頑張ろう！」と声をかけてみる。いつも支えてくれている家族に、感謝の気持ちをもって接してみる。コンビニエンスストアで買い物をした時に、おつりを募金してみる。どんなささいなことでも結構です。実際に何かをしてみると、それだけで心が明るくなりますから。

ワークシート 6 「仲間」に感謝しよう!

感謝するべき人を考えよう

ワークシート5までは、性格・行動パターンの診断テストや勉強計画の作成など、おもに「自分」のことを考えてきました。ここでは、あなたのことを支えてくれている「仲間」について考えてみましょう。

受験という過酷な状況にいると、大切な人からの温かい言葉や、いつもよくしてくれる仲間の存在が当たり前のように感じてしまうものです。でも、普段から感謝の気持ちをもつことで、温かい言葉や仲間の存在をエネルギーに変えていくことができます。

ここでは、あなたにとって大切な人を5人挙げてみましょう。また、あなたが大切に思う理由も簡単に書いてみて下さい。

	大切な人	その理由
1 :	_____	_____
2 :	_____	_____
3 :	_____	_____
4 :	_____	_____
5 :	_____	_____

周りに与えられるものを考えよう

あなたが大切に思うことができる人は、きっとあなたのことも大切に思ってくれているでしょう。先ほど書き出した大切な人達が、あなたのことを大切にしてくれている理由を、想像して書き出して下さい。

書き出したそれぞれの人について、あなたとその人との関係をより良くさせるために、あなたができることを書き出して下さい。きっと、一つ前の質問で書き出した内容がヒントになるでしょう。

あなたができること

1 : _____
2 : _____
3 : _____
4 : _____
5 : _____

周りのためにできることを宣言しよう

受験を乗り越えるためには、家族や先生、友達といった周りのサポートが不可欠です。周りと協力する時に大切なのは、受け取ることではなくて与えることです。あなた自身が、これから周りの人達のためにできることを宣言して下さい。

ワークシート7の準備

ワークシート7では、「本書で得られた新しい気付き」や「繰り返し読みたい文章」など、本のなかで参考になった部分を書き出します。必要に応じて、これまでの内容を復習しながら第7章を読み進めて下さい。

第 **7** 章

受験後も成功し続けていくための「サクセスシンキング」

プラス思考を超える
成功思考とは？

京都大学吉田キャンパス

困難を乗り越えるための「サクセスシンキング」とは

　大学受験生ともなると、小学校に入学してから10年以上もの間、学校で勉強をしてきたことになります。そんなあなたに、ここで質問があります。これまで、学校の授業を本当に必要だと思って受けてきましたか？　また、どうして勉強はしなくてはいけないのだと思いますか？　きっと、誰もが一度は疑問に感じたことではないでしょうか。

「微分積分なんて、社会に出たら絶対に使わないよ……」

なんて言いながら、仕方なく問題集を解いている受験生もいるかもしれません。確かに、私もこれまでの仕事のなかで古文や漢文を読んだり、方程式を解いたりする機会はありませんでした。古文や漢文の完璧な文法力、どんな難解な方程式もスラスラと解ける力、受験では両方とも必要とされる力ですが、社会に出てから活かせるとは考えにくいものです。

「将来使わないことなんか、勉強しても意味がない！」

　こう考えている受験生もいるようですが、これは大きな勘違いです。ぜひ、もっと広い視点で考えて下さい。学校の授業や受験勉強で身につけるべき力は、「新しいことを習得する力」なのです。
　私はこれまで、受験生や大学生、社会人に対して指導をしてきました。変化の激しいこれからの社会を生き抜くためには、自分に合った勉強方法や考え抜く力、そして努力を継続する力のような「新しいことを習得する力」が必要不可欠なのです。
　受験をきっかけにして、人としての強さを身につけて下さい。そうすれば、もし将来高い壁にぶつかったとしても、あなた自身の力で乗り越えていくことができるはずです。このように、困難を乗り越えて成功をつかむための考え方のことを、私は「サクセスシンキング」と呼んでいます。

第7章　受験後も成功し続けていくための「サクセスシンキング」　151

　夢を叶えるためにポジティブシンキングでいることは大切ですが、第4章でお話ししたように、プラス思考だけでは困難を乗り越えることはできません。プラス思考でチャレンジすれば、何事もうまくいくというわけではないのです。たとえ失敗しても、それを受け入れて、改善する努力を続けていくことこそが将来の成功につながるのです。
　第7章では、受験が終わってからの大学生活や、社会に出てからも夢や目標を達成し続けていくために必要な考え方をお話しします。

合格して夢をつかめる受験生の共通点

　私の生徒のなかには、塾を卒業した後もやり取りをしたり、塾にまた会いに来てくれたりする人もいます。近況を聞いてみると、塾で語ってくれた夢を叶え、忙しいながらも充実した人生を送っている人達ばかりです。受験を通して人としての強さを身につけた人は、大学生や社会人になってからも成功するということです。
　ここでは、私の生徒達のことを思い返しながら、夢をつかめる人の共通点をまとめてみます。

①決して逃げない
　夢をつかむためには、途中で辛いことや大変なことがあっても、真っ直ぐに立ち向かわなくてはなりません。辛い時に逃げ出してしまう人や、気が向いた時にしかやるべきことをやらない人は、「ここぞ」という時に力を発揮することができないでしょう。
　成功するためには、とにかく行動を起こすことです。私の生徒のなかには、受験までケータイを解約した人や、勉強に集中するために自分の部屋のテレビを別の部屋に持っていった人もいました。
　ただ、人の気持ちには波があるものです。誰にでも、やる気が出て勉強

が進む時もあれば、やる気や自信がなくなりかけてしまう時もあります。将来が見えなくなった時や勉強が手につかないような時には、前を向き直せるようにサポートしてくれる仲間がいると心強いでしょう。

②誰も見ていない時に努力できる

　私が課した宿題を欠かさずに解いてきてくれる生徒は、必ずと言っていいほど実力がついていきました。なかには、私の予想を大きく超えるくらいに成績を伸ばした生徒もいます。その生徒達は共通して、私が見ていないところで頑張っていました。宿題はもちろんのこと、「時間があれば、この問題も解いておくとよいかもね」とさりげなく私が言った問題も、すべて解いていたのです。

　つまり、私の見ていないところでも努力をしているのです。言われたからやるのではなくて、「必要だからやる」と考えられる受験生は必ず伸びていきます。誰も見ていない時にどのような行動をとるかで、その人の人間性が決まると言ってもよいでしょう。

③気持ちや価値観と行動が一貫している

「本当はやりたくないけど、無理やりやらされている」
「正しいとは思えないけれど、上司に言われたから仕方なくやっている」

　残念ながら、こんなグチを言いながら生きている人がたくさんいます。「～したい」という気持ちや「～しなくてはいけない」という価値観と、実際に自分がとっている行動が合っていないと、前に踏み出そうというエネルギーにブレーキがかかってしまいます。

　受験に合格して、その後の人生を有意義に過ごしている人達は、みんな気持ちや価値観と行動がすべて一貫しています。この三つの歯車がピッタリ噛みあえば、人生の目的がぼやけることなく、充実した人生を送っていくための原動力になります。

反対に、自分の将来が見えなくなった時には、自分の気持ちと正直に向かいあい、あなたが普段、どのようなことに価値を置いて生活しているのかを掘り下げて考えてみれば、これから取るべき行動が見えてくるはずです。

学校の先生が考える成功の秘訣

学校の先生に、勉強や部活動などで結果を残したり、卒業後に社会に出て活躍したりしている生徒達の共通点をうかがいました。先生達の回答に、私の考察を織り交ぜたものをここで紹介します。

①教養がある

まず、夢や目標を見つけるためには、生きている世界について知ることが大切となります。知識を得るだけではなく、実際に体験することができれば、より価値のある気付きを得ることができるでしょう。

日本には、あなたがまだ知らない仕事や会社がたくさんあります。海外に目を向ければ、いろいろな場所があり、それぞれの人が大事にしている文化や生活習慣があります。勉強して得られる知識も大切ですが、このような幅広い文化的な教養を身につけることも大切なのです。

教養を身につけるには、普段から本や新聞をよく読むことです。また、いろいろな人との出会いを大切にして下さい。ほかの人の体験から得られることは、あなたの今後の人生の糧になるはずです。

②自分から動くことができる

幸運がやって来ることを待っている人のところには、幸運はめぐってきません。幸運は、自分でたぐりよせるものです。そのためには、何度も言うように、自分から行動を起こすことです。

私が東京工業大学への強い想いを抱いたのも、実際に大学を見に行ったことがきっかけでした。そこで偶然、大学生達が将来の夢について語りあっているのを耳にして、自分もこの大学に入って、刺激を与えあう仲間と一緒に頑張りたいと考えたのです。

　私が大学を見学したのは高校の開校記念日でした。つまり、私の高校は休みですが、そのほかの人達にとっては平日という日です。オープンキャンパスの日に見学するという選択肢もありますが、私はあえてそれを避けたのです。なぜなら、オープンキャンパスは、大学全体が高校生を受け入れるために模様替えをしている日であるため、その様子は普段の姿ではありません。

　きっと、オープンキャンパスの日に見学に行っていたら、大学生達の生（なま）の会話を聞くことはできなかったでしょう。大学が高校生を迎える日を待つのではなく、自分から動いたことが幸運につながったのだと今でも思っています。

東工大のキャンパス

③人としての魅力をもっている

「周りに好かれるキャラの人って、自然と伸びていくんだよね」

先生達が、口をそろえて言っていました。第6章でもお話ししたとおり、自分の実力以上の力を発揮するためには、周りの仲間と協力することが不可欠です。もちろん、真面目に頑張ることも必要ですが、自分にとって不得意なことは周りに聞いたり、お願いしたりしてしまうという要領のよさも、成功するためには必要とのことでした。

では、どうすれば周りに好かれる人になれるのでしょうか。一言で表現するのは難しいのですが、周りとうまくコミュニケーションをとれることが必要になるでしょう。そのためには、最低限の礼儀正しさや他人の気持ちを感じ取れる力のように、意思疎通に直接かかわるだけでなく何事にも前向きで、一生懸命に頑張れる資質なども大切となります。

④よい習慣をもっている

知識を身につけることは成長につながります。でも、それだけでは不十分です。第5章でお話ししたとおり、「知っていること」と「できること」はレベルが違うのです。そして、最初は意識していないとできなかったことでも、次第に無意識にできるようになります。意識せずに自然とできるようになった行動のことを「習慣」と言います。よい習慣を身につけることは、よい行動を身体に染み込ませるということなのです。

勉強や仕事に対する心構え、そして物事を捉える姿勢や問題が起きた時にどのように対処するかなど、普段の行動を少しずつでも改善していけば、必ずあなたは成功に導かれます。

⑤体力と根性がある

受験で結果を残し、大学に入ってからも目標に向かって突き進んでいる人は、共通して体力があることが多いそうです。「ここぞ」という時に頑

張り抜くためには、やはり体力が必要になります。

　近年の心理学の研究においても、成功に必要な要素を一言で表現すると「根性」であるという結果が出ました。ここでの「根性」とは、長期的な目標を定めて、それを達成するまでありとあらゆる努力を行うことだとされています（「成功する人に共通する『才能』よりも重要なある『心理的特徴』とは」〈COURRiER Japon〉2011年10月号所収、講談社、参照）。

「天才は１％のひらめきと99％の努力である」

　発明家であるトーマス・エジソンの名言も、努力の重要性を説いています。その努力を継続するためには、体力と根性が必要だというわけです。

周りの期待をコントロールしよう

「絶対に、〇〇大学に合格するんだぞ！」
「たくさん勉強してるんだから、次の模試の結果を楽しみにしてるよ」

　素直な気持ちで聞くことができれば、嬉しく思える励ましの言葉です。でも、家族や友人、先生からのさりげない一言が、時にはあなたにとってプレッシャーになることもあるでしょう。

「どうして、そんなことを言われなくちゃいけないんだろう……」

　周りからの励ましの言葉を聞いて、こんなふうに感じる時もあるかもしれません。第１章でもお話ししたとおり、周りに起こる出来事には、あなたの力が及ぶことと、あなた自身ではどうしようもないことがあります。周りの人の行動や考え方を変えるのはとても難しいことです。あなたが変えられるのは、あなた自身だけなのです。自分自身を変えることによって、周りからの期待をコントロールしましょう。

あなたの頑張りが結果に表れ始めると、周りからの期待がどんどん大きくなっていきます。その期待を真正面から受け入れたら、あなた自身が潰れてしまう時もあるでしょう。周りからの期待が大きくてプレッシャーになりそうな時には、サラリと受け流してしまうことも大切です。

批判に対しても同じことが言えます。自分への批判を受けた時に、それをすべて受け入れていると、自信がなくなったり、自らを嫌いになったりしてしまいます。あなたをより良くするための批判は受け入れて、より良い将来につながらない批判は受け流してしまいましょう。

周りを変えようとするのではなく自分を変えていく、こうすることによって、周りからの期待や批判をコントロールして下さい。

PDCA サイクルを回そう

あなたは、ただ単に勉強するだけで終わっていませんか？ ビジネスの世界では常識となっている考え方の一つに、仕事を効率よく進めていくための「PDCA サイクル」というものがあります。PDCA とは、「Plan」、「Do」、「Check」、「Action」の四つのステップのことで、それぞれのステップでは次のような行動をとります。

① Plan（計画）——目標を達成するために仕事の計画を立てる。
② Do（実施）——計画にそって仕事を進める。
③ Check（評価）——計画通りに仕事が進んでいるかを確認する。
④ Action（改善）——計画通りに仕事が進んでいない場合は対策をとる。

PDCA サイクルでは、この四つのステップを、次のページの図のように①→②→③→④→①→……と繰り返し進めていきます。日々業務を改善することで、効率よく仕事を進められるようになろうという考え方です。

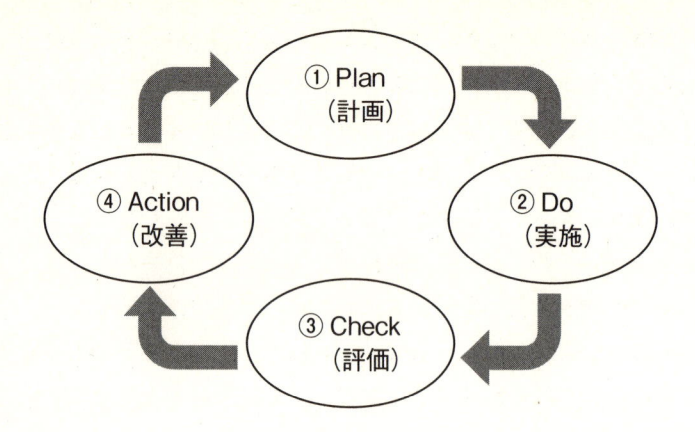

```
      ① Plan
      （計画）
         ↓
④ Action      ② Do
（改善）      （実施）
         ↑
      ③ Check
      （評価）
```

　このPDCAサイクルを受験勉強に応用して、効率よく勉強を進められるようになりましょう。この考え方を受験勉強に当てはめると次のようになります。それぞれについて、少し詳しく説明しておきましょう。

① **Plan（計画）**

　勉強を始める前に、まずは目標を達成するための勉強計画を立てることが大切です。本書でも、**ワークシート3**から**ワークシート5**で取り組んでもらいました。

② **Do（実施）**

　現状と目標の差を埋めるための勉強計画を立てたら、あとは実行に移すのみです。ほとんどの受験生はこのステップまでで満足してしまいますが、実はこの先が重要なのです。

③ **Check（評価）**

　勉強方法を改善していくためには、③と④のステップがとても大切となります。このステップでは、勉強が計画どおり進んでいるのか、また想定どおりの成果がきちんと出ているのかを確認します。

第7章　受験後も成功し続けていくための「サクセスシンキング」　159

　ワークシート4と**ワークシート5**では、大中小の各ステップで目標や勉強計画をつくりました。大中小の各ステップの区切りとなるタイミングに、しっかり目標を達成できているか、計画どおり進んでいるかを自己評価して下さい。第7章のワークシートでは、本書を読み終えた自分の評価をすることになります。

④ Action（改善）

　③で自己評価をした結果、必要であればやり方や計画そのものを見直します。そのためには、なぜ勉強が計画どおりに進まなかったのか、またなぜ成果が思うように出なかったのかを考えることが大切となります。そうすると、次のようなことが分かってくると思います。

「計画が厳しすぎて勉強時間が足らなかった」
「勉強方法が自分にあってなくて結果に表れなかった」

　（または、逆のケースとして）

「予想以上に勉強の成果が出たので、もっと目標を高めよう！」

　このようにして分かったことを踏まえて、再び「① Plan」へと戻っていくわけです。

　日々の勉強に追われていると、振り返りをしている時間はもったいないと感じるかもしれません。でも、この振り返りこそが、第2章でお話しした「緊急ではないが重要な行動」なのです。1週間につき1回だけでも構いません。勉強の振り返りにしっかりと時間を割いて、効率よく受験勉強が進められるようになりましょう。

当たって砕けた時に手に入るもの

　これから挑戦しようとすることが難しければ難しいほど、最初から成功する可能性は低くなっていきます。どんな挑戦でも、何回かの失敗を経て、ようやく成功に辿りつくものです。言い換えると、何かにチャレンジする時には、成功する確率よりも失敗する確率のほうが大きいとも考えられます。そのため、成功を目指して努力を続けるためには、失敗とどのように向き合うかが大切となります。

　「〜になりたい！」と思っていてもそうなれない時、「〜が欲しい！」と頑張ってみても手に入らない時、こんな時、欲しかったものが手に入らなくても、その代わりに手に入るものがあるのです。失敗の代わりに手に入るものとはいったい何でしょうか？

　それは「経験」です。勉強していて分からないことが多かったり、模試でよい結果が出なかったりすると、誰でも落ち込んだり焦ったりします。でも、ひたすら前を向いて頑張り続けるしかないのです。失敗したことを考えて落ち込む時間があるのなら、どうすればその失敗を活かせるかを考えましょう。

　成功した経験よりも、失敗や間違いから得られるもののほうが将来に活かせることはたくさんあるのです。

　これからの人生、やることがすべて成功するなんてことはありえません。そこで必要となるのが「失敗を経験に変える力」です。あなたがこれから成長していくなかで、より高いレベルに上がろうとする時には、必ず目の前に新しい壁が現れることでしょう。その時は、壁を乗り越えるために足りないものを考え、それを補うための努力を続けて下さい。

　時には、壁に当たって砕けてしまうこともあるかもしれません。しかし、落ち込んでいる時間はもったいないと考えましょう。落ち込んでいる時間が生み出してくれるものなんて、何一つありません。ガムシャラになって

壁に挑み続けて下さい。もし、当たって砕けたとしても、その努力は必ずあなたを強くします。目の前の壁を乗り越えた時、もっと大きくなった自分に出合えるはずです。そんな自分に出合うことを楽しみに、これからも頑張っていきましょう。

二つの視点のバランスをとろう

　大きな夢をもつことは、自分を成長させ、人生を充実させることにつながります。大きな夢を達成したい時には、小さい目標に細かく区切っていき、その一つ一つを積み重ねていくしかありません。
　第2章において、今この瞬間を大切に過ごすことが大切だとお話ししました。受験まで頑張り続けるためには、1日1日の頑張りを積み重ねる必要があるわけです。
　一方、**ワークシート3**では、夢や目標を宣言したり、それらが叶っている姿をイメージするための写真を貼ったりもしました。今日1日のことに集中するという近くの視点と、夢や目標が実現する姿をイメージするという遠くの視点、相反しているように感じるかもしれませんが、どちらかの視点のほうが優れているというわけではありません。
　大切なのは、近くの視点と遠くの視点のバランスをとることです。1日1日を頑張ることはもちろん大切ですが、その日にやるべきことしか頭に入っていないというのもいけません。毎日をガムシャラに過ごしていたら、ふと気付くと目標と違う方向に向かってしまっていた、なんていうことにもなりかねませんから。反対に、いつも大きな夢を語るだけで、その夢を実現するための行動を何も起こせていないという人もいます。
　夢を叶えるためには、実現している姿を強くイメージしながら、その姿に今の自分を近づけるように毎日を頑張ることが大切となります。遠くの視点と近くの視点、バランスをとれるようになりましょう。

夢を諦めかけた時に思い出してほしいこと

　これからあなたが夢を追いかけていくなかで、ふと夢と現実のギャップに苦しみ、自信がなくなってしまう時が来るかもしれません。受験でも、勉強がなかなか手につかなかったり、模試で結果を出せなかったりすると、

「第一志望のレベルなんて、自分にとっては高すぎるんだ……」

と、目標を諦めようかと悩むこともあるでしょう。まして、受験はどれだけ頑張ったとしても、必ず合格できるわけではない「不確実なもの」です。

　夢を諦めてしまいたくなる気持ちは痛いほどよく分かります。でも、よく考えてみて下さい。私達は、不確実なものばかりに囲まれて生きているのです。自分が1年後も元気でいられるかなんて、誰にも分かりません。1年後も生きていられるかどうかは、私達にとって不確実なことなのです。

　だからといって、「外に出掛けると交通事故に遭うかもしれないから、ずっと家の中にいよう」なんて言っていたら、何もできませんよね。程度の差はありますが、このような思考パターンをもっている人はたくさんいます。

「続かないかもしれないから部活に入るのはやめよう」
「フラれるかもしれないから告白しないでおこう」
「解けないかもしれないから過去問を解くのはあとにしよう」
「失敗するかもしれないから挑戦するのはやめよう」

　こんなふうに考えたことが、誰にも一度はあるのではないでしょうか。でも、「〜かもしれないから」と足を止めてしまったら、もうそこから前に進むことはできません。

　確率ばかりに左右されず、可能性にかける勇気をもって下さい。あらゆる「不確実なもの」のなかで、目いっぱい考えて、悩んで、決断する勇気

が必要な時もあるのです。そして、どんな苦労があったとしても、周りから責められたとしても、一度決断したことは貫かなくてはいけません。この苦しみを乗り越えたところに、本当の人生の楽しさがあるのです。

「合格できないかもしれないから受験しないでおこう」

　こう考えて、合格する確率が高い大学に目標を変えることもできるでしょう。でも、自分に問いかけてみて下さい。5年後、10年後のあなたが、今のあなたのことを振り返ったらどのように感じるだろうか、と。
　何かに失敗すると、自信がなくなってしまう気持ちはよく分かります。でも、これだけは忘れないで下さい。何かに失敗する時というのは、目指している目標そのものが間違っているわけではなく、やり方が間違っているだけだということを。
　目標が高ければ高いほど、達成した時の喜びも大きいものになります。だからこそ、その大きな達成感を味わうために「この目標を絶対に達成する！」という強い信念をもって下さい。確率ばかりに左右されず、可能性にかける勇気をもちましょう！

　最後に、トーマス・エジソンの言葉をもう一つ紹介します。

「よくある失敗は、成功まであと一歩というところで、そうとは知らずに諦めてしまうことだ」

　あなたの夢を、これからも諦めずに追いかけ続けて下さい。夢は、あなたが叶えてくれるその時を、両手を広げて待っています。夢が叶わなくなるとしたら、それはあなたが諦めた時なのです。
　大学に合格することも大切ですが、それは夢を叶えるための一つの通過点にすぎません。受験を通して、夢を叶える力を身につけましょう。そして、その先にある夢の実現を目指して、前を向いて頑張り続けて下さい！

ワークシート 7 「成果」をまとめよう！

本書の内容を振り返ろう

　本書では、自分と向き合うことから始めて、目標と現状の差を把握し、その差を埋めるための勉強計画を立ててきました。本書を読みながら新しく気付いたことや、初めて取り組んだことも多かったでしょう。

　新しいことにチャレンジした時には、それによって得られたことや成果を振り返ることが大切です。ここでは、本書から得られた成果をまとめて、今後の受験勉強に活かすようにして下さい。

(1) 本書によって、どのような成果が得られましたか？　気付いたことや新しく知ったこと、できるようになったことなどをまとめましょう。

(2) 本書のなかで、特に印象に残った文章や、今後もう一度読み返したい内容などを書き出しておきましょう。

今後できることを宣言しよう

　身体の調子に波があるように、精神状態にも波があります。気持ちが疲れると、少しでも嫌なことがあった時に落ち込みやすくなってしまいます。そうなる前に、少しでも元気がなくなってきたらリフレッシュをしましょう。できるだけ波の振れ幅が大きくならないように、普段から心の調子を気にかけることが大切です。
　ここでは、自分自身をコントロールして今後も頑張り続けていくために、あなた自身でできることを考えましょう。

(1) あなた自身が元気がなくなってきた時のサインや兆候を書き出して下さい。

```
┌─────────────────────────────────────┐
│                                     │
│                                     │
│                                     │
│                                     │
│                                     │
└─────────────────────────────────────┘
```

(2) 上のサインや兆候が見られた時に意識することや、これからも頑張り続けるためにあなたができることを書き出しましょう。

```
┌─────────────────────────────────────┐
│                                     │
│                                     │
│                                     │
│                                     │
│                                     │
└─────────────────────────────────────┘
```

　ワークシートはここまでです。本当にお疲れさまでした！
「必ずなる」と確固たる決意をする。そして、なりたいものになるための努力をする。そうすれば、あなたの夢や目標は必ず叶います。何度も言います。夢が叶わなくなるのは、あなたがその夢を諦めた時です。あなたの夢が叶う日を、心から楽しみにしています！

頑張れば頑張るほど、合格した時の喜びは大きくなる！

付録1 受験生の合格体験記

ここでは、私が運営するブログやメールマガジンの読者から届いた合格体験記を紹介します。たくさんの受験生が、同じことで悩み、似たような壁にぶつかります。先輩達の成功と失敗の体験を、ぜひ、あなたの受験に活かして下さい！

▣ A・Tさん（慶應義塾大学環境情報学部合格）

　私が慶應義塾大学を意識し始めたのは、高校3年生の夏です。受験科目は、数学と小論文の2科目に決めていました。決して、この2科目が得意だったわけではありません。当時の数学の偏差値は57でしたから。あまりにも英語が苦手だったため、消去法でこの2科目で受験せざるを得なかったのです。
「自分なら絶対にできる！」、こう信じて、ひたすら頑張りました。高校2年生の夏から冬にかけて、毎週200題を解くという自分との約束を守れたことが、自信と前を向くエネルギーになっていたように思います。
　ところが、結果はなかなか出ませんでした。模試の結果は、高校3年生の12月までE判定ばかり。少しずつ、精神的に崩れていきました。
「たぶん、ほかの大学に行くことになるのかな……」
　こんな考えが、頭の中をよぎるようになりました。高校2年生の時の頑張りは、やっぱり無駄だったのかと思い始めました。
　その時の私を救ってくれたのが、先生の一言でした。
「絶対に大丈夫！　苦しい時にいかに頑張れるか。それが人間の価値だ！」
　この言葉で目が覚めました。ひたむきに、過去問を解き続けました。何度も、何度も。
　そして、慶応義塾大学の受験日を迎えます。その日まで受験した大学は、

慶應義塾大学三田キャンパス

すべて不合格でした。でも、大丈夫だと信じてくれている人がいる。私も心の中で叫んでいました。
「もう、この大学しか入れる場所がない。お願いだから合格させて！」
　合格を信じた心の叫びは、最後に奇跡を起こしました。慶應義塾大学に合格することができたのです。合格発表の日は、「合格」の文字を見て涙があふれました。受かったのは、結局慶應義塾大学だけでした。奇跡か実力かは、私には分かりません。でも、諦めない気持ちや誇れるくらいの努力があれば絶対に願いは叶う、私はそう思いました。毎週200題のノルマを達成したことは、やはり無駄ではなかったのです。
　受験生には、諦めないで自分を貫き通す強さをもってもらいたいと思います。受験は、絶対に辛いです。私も、勉強に手がつかないくらい、辛い時期がありました。でも、あなたの努力は実力へと変わり、最後には合格という実を結ぶはずです。最後まで、結果は分かりません。第一志望校だけ受かることだってあり得るのです。私がそうでしたから。
「自分なら絶対にできる」と信じて、頑張って下さい！

◘ **S・Kさん**（横浜国立大学理工学部合格）
　自分が大学受験を真剣に志したのは、高校2年生の9月末のことでした。

中学時代、特にこれといった努力をしなくても成績がよかった自分は、あまり深く考えることなく、そこそこのレベルの高校に進みました。そして案の定、あっという間に「落ちこぼれ」となりました。落ちこぼれとしての生活が、高校2年生の夏まで続きました。
　そして、高校2年生の秋。ゆっくりと、自分の中にふつふつとした想いが湧きあがってきたのです。
「真剣に勉強してみよう」
　何か特別なきっかけがあったわけではありません。いつからか、こう思うようになりました。私は、単なる「落ちこぼれ」から「挑戦者」へと変貌したのです。
　まず、インターネット上の受験サイトを読みあさることから始めました。インターネット上にはたくさんの勉強法や参考書の情報があふれていますが、そのなかで自分に合いそうなものを選んで実践していきました。この道のりのなかで、当然うまくいかないこともありました。でも、挫折をするたびに立ち上がりました。この繰り返しです。この繰り返しこそが、自分にとっての受験生活でした。
　自分の受験生活は、決して「完璧」とは呼べません。そのなかで、最も痛切に感じたのが「自分の弱さを認めることの大切さ」です。
　弱さのない人間はいない。そして、誰もが「自分の弱さ」から目を逸らそうとする。でも、それでは前に進めないのです。受験において、そして人生において、我々に求められていることは「弱さを認めること」なのだと思います。
　弱さを認める強さ。これを身につけられたことが、受験生活のなかで最も大きな収穫でした。

◘ M・Yさん（群馬大学工学部合格）

　私は、失敗談をお話しします。私が受験勉強を始めようとしたのは、高校2年生の冬頃です。でも、具体的に何をすればいいのか、まったく分か

りませんでした。インターネットで受験関連のサイトを読みあさっては、よさそうな参考書を買うだけで満足し、まともに受験勉強をしていませんでした。3年生になり、ようやく参考書などに手をつけ始めましたが、なかなかやる気が起きず、中途半端に終わった参考書だらけになりました。

　本格的に勉強し始めたのは夏休みからです。菅原さんのメールマガジン講座を受講して、今までの自分では信じられないくらいに勉強をすることができるようになりました。この講座のおかげで受験勉強に対する心構えや、受験において「いつ何をすればいいか」が分かるようになり、勉強計画を立てることの大切さを学ぶこともできました。

　ところが、夏休みが終わると勉強できる時間が限られ、あっという間に時間が過ぎてしまったのです。センター試験の1か月前になって焦り始め、勉強時間を増やすように意識しました。でも、二次試験対策まではまったく手が回りませんでした。

　そして、迎えたセンター試験は、幸運も手伝ってよい点数をとることができ、センターリサーチでもA判定でした。でも、これが油断につながったのです。ほとんど二次試験対策をしないまま前期試験を受けてしまいました。結果は、もちろん不合格です。その後、後期試験まで必死に挽回をして、なんとか第二志望の大学に合格することができました。

　第一志望の大学に不合格となってしまったのは、自分に甘かったことと、その大学に本気で入りたいと思っていなかったことが原因だと思います。第一志望の大学は、自分の実力で受けられそうな大学のなかで、一番偏差値が高い大学でしかなかったのです。本気で行きたいと思える大学であれば、油断は生まれなかったかもしれません。適当に大学選びをしてしまったことを、今はとても後悔しています。

　私は大学受験を通して、自分が心からやりたいことや、本気で行きたいと思う大学を見つけることが何よりも大切なのだと痛感しました。受験生のみなさんは、ぜひ将来のことをよく考えたうえで、合格に向けて努力をして下さい。

付録2

性格・行動パターン診断テスト 結果

　ワークシート1で取り組んだ診断テストの結果から、あなたの性格や行動パターンを知ることができます。

　まず、本書の診断テストについて説明します。この診断テストは、スイスの心理学者ユングの「タイプ論」がベースとなっています。このタイプ論をもとに、キャサリン・クック・ブリッグスとイザベル・ブリッグス・マイヤーズによって「ＭＢＴＩ（Myers-Briggs Type Indicator）」という性格検査が開発されました。MBTIは、一人ひとりの性格や行動パターンを、次の四つの心の機能と、各機能に対して二つの態度の傾向で表します。

①**興味の方向（外向・内向）**──興味の方向が、外向か内向かを示します。外向を指向する人は活動的で外界への意識が高く、内向を指向する人は概念的な世界に目を向ける傾向があります。

②**ものの見方（感覚・直観）**──物事の見方や情報を、どのように取得するかを示します。感覚を指向する人は、視覚や聴覚などの五感を用いて物事を現実的かつ具体的に認識する傾向があります。一方、直観を指向する人は、行間を読み取り、物事に関連性を見いだす傾向があります。

③**判断の仕方（思考・感情）**──判断をする時に、どのようにして結論を導き出すかを示します。思考を指向する人は客観的な視点で論理的に考えて結論を出そうとしますが、感情を指向する人は個人の価値観に基づいて結論を出そうとします。

④**外界への接し方（判断的態度・知覚的態度）**──どのように外界と接するかを示します。判断的態度を指向する人は、物事に一つ一つ決着をつけることを好みます。一方、知覚的態度を指向する人は、物事に対してすぐに決着をつけようとはせずに、十分な情報を集められるまで決定を先送りする傾向があります。

付録2　性格・行動パターン診断テスト 結果　173

　本書の診断テストでは、上記の機能ごとに三つの二択問題に答えることにより、それぞれの機能であなたがどちらの態度をとる傾向があるのかを調べました。それに対してMBTIは、より多くの質問項目に基づいた信頼性のある性格検査となっています。もし、MBTIに興味をもたれた方は、「一般社団法人日本MBTI協会（http://www.mbti.or.jp/）」をご覧下さい。ただし、検査の対象年齢は18歳以上となっています。

　それでは、**ワークシート1**で取り組んだ診断結果を、下記の記入例をもとにして具体的に説明していきます。

	A	B		A	B		A	B		A	B
①	○		②		○	③		○	④	○	
⑤		○	⑥		○	⑦		○	⑧	○	
⑨	○		⑩		○	⑪	○		⑫	○	

合計　**2** 1　　0 **3**　　1 **2**　　**3** 0

　四つのグループごとに、AとBの回答数を数えました。各グループでチェックがより多くついているものによって、あなたのタイプが決まります。上の記入例の場合は、左から順に見て「ＡＢＢＡタイプ」となります。

　すべてのタイプについて、長所を活かすために意識してほしいことや、受験に向けてのアドバイスをまとめてあります。あなたのタイプの診断結果を確認して、今後の受験勉強に活かして下さい。なお、どのタイプが優れているということはありません。それぞれのタイプに良いところがあれば、悪いところもあるのです。ありのままの自分を知るためのヒントとして、この診断結果を活用してもらえれば嬉しいです。

AAAAタイプ のあなたは……

自分にも周りの人にも誠実に接するまとめ役

▶ あなたはこんなタイプ

　真面目で責任感があり、一つ一つの作業を確実に終えることで達成感を得るタイプです。地域の社会活動に喜んで参加するような、優しい一面もありますね。

　過去の経験や、これまでの事実に基づいて物事を考えることが得意です。将来に起こることよりも、今起きていることのほうに興味をもつことが多いでしょう。あまり実用的でないことについては、ほとんど関心を示さない傾向があります。

▶ あなたの長所を活かすために

　周りを仕切ることが得意で、必要な時はほかの人に厳しく接することもできます。誰とも平等に接することができ、隠し事をするタイプではないので、周りの人とすぐに打ち解けることができるでしょう。一緒に頑張れる仲間をつくることが成功への近道となるはずです。

　途中経過よりも、最終的な結果を重視するような環境で力を発揮します。努力の成果が、分かりやすく目に見えるような行動をとるとよいですね。

▶ 受験に向けてのアドバイス

　受験勉強は、勉強した効果がすぐに現れるとは限りません。ある程度は粘り強く頑張ることを意識して下さい。

　友達と一緒に頑張る時には、周りがあなたのペースについてこられない時があるでしょう。もしかしたら、その様子を見てイライラすることもあるかもしれません。時には、あなた自身がペースを落とすなどの配慮も必要となります。

　五感全体を使って物事を感じ取る力が強いですね。視覚だけでなく、聴覚や触覚といった別の感覚も使って勉強すると効果が上がるでしょう。教科書や参考書の文章を目で追うだけでなく、声に出して読んだり、紙に書いてまとめたりすることを心掛けて下さい。

AAABタイプ のあなたは……
陽気でエネルギッシュな人気者

▶ あなたはこんなタイプ

　陽気な性格でいつも元気でいることから、周りからとても人気があります。困ったことがあっても、実際に起きていることをしっかり分析して、乗り越えていくことができるタイプです。

　視覚や聴覚などの五感を刺激してくれるようなものに興味をもちます。新しい技術やアイテムを使って、ほかの人が知らない情報を収集して活用することが得意でしょう。

▶ あなたの長所を活かすために

　あなた自身がエネルギッシュで多才なため、ルールに縛られずに柔軟に動ける環境にいると力を発揮しやすいでしょう。誰かと駆け引きをしたり、交渉をしたりする場面に強いですね。

　一人で頑張るよりも、仲間と一緒になって頑張るほうがあなたには向いています。特に、あなたにとって人生経験が豊富で魅力的に思える人と協力して何かにチャレンジすると、あなた自身の成長にもつながるはずです。

▶ 受験に向けてのアドバイス

　稀に、周りから見て突発的な行動や無謀に思えるような行動をとることがあります。仲間からのアドバイスには、しっかりと耳を傾けるように意識して下さい。

　目標を達成するための具体的な計画を立てて、それを一つ一つ確実にクリアしていくことを続けましょう。受験勉強は、長い期間で見て頑張っていくことが大切ですから。

　五感全体を使って物事を感じ取る力が強いですね。視覚だけでなく、聴覚や触覚といった別の感覚も使って勉強すると効果が上がるでしょう。教科書や参考書の文章を目で追うだけでなく、声に出して読んだり、紙に書いてまとめたりすることを心掛けて下さい。

AABAタイプ のあなたは……
優しさをもって周りに接する人気者

▶ あなたはこんなタイプ

　あなたは心が温かくて、おしゃべりが大好きな人気者でしょう。周りの人からの優しさを感じることで、あなた自身も喜びや満足感を得られるタイプです。ほかの人のよい点を見つけることが得意ですね。

　人の生活に直接影響を与えることに興味があるようです。一方、抽象的な考えや技術的な話題に対しては、ほとんど関心を示さない傾向があります。

▶ あなたの長所を活かすために

　仲間と協力して、みんなで設定した目標に向かって頑張ることが得意です。あなた自身が前に出るより、ほかの人をサポートすることで役立とうとする気持ちが強い傾向があります。

　仲間からは、ほかの人の意見を受け入れる優しい人と思われているようです。でも、決して周りに流されているわけではなく、あなたは自分自身の意見をしっかりもっています。ほかの人から冷たい態度をとられることや、批判を受けることに対しては敏感になりがちです。あなたに味方してくれる人は必ずいるはずなので、あまり落ち込みすぎないように注意しましょう。

▶ 受験に向けてのアドバイス

　仲間と協力しながら受験勉強を進めていくとよいですね。時には、周りの人と意見が対立することもあるでしょう。その時は、感情的にならずに、冷静に対処することが求められます。

　あなたは、どちらかと言うと叱られて伸びるタイプではなく、褒められて伸びるタイプのようです。困った時には、厳しい先生よりも優しい言葉をかけてくれる先生にアドバイスを求めたほうがうまく解決できるかもしれません。

　五感全体を使って物事を感じ取る力が強いですね。視覚だけでなく、聴覚や触覚といった別の感覚も使って勉強すると効果が上がるでしょう。教科書や参考書の文章を目で追うだけでなく、声に出して読んだり、紙に書いてまとめたりすることを心掛けて下さい。

> **AABBタイプ** のあなたは……
>
> ## 誰とでも仲良くできる人間関係のプロフェッショナル

▶ あなたはこんなタイプ

　新しいものに対して、強い好奇心を示すタイプです。特に、五感を刺激してくれるものに関心をもつことが多いでしょう。

　あなたは優しくて、よい意味で楽観的な性格のようです。周りの人に対して心が広く、誰にでも寛大に接することができるため、仲間と一緒にいることを心から楽しむことができるでしょう。人と関わりあうのがとても上手なタイプですね。

▶ あなたの長所を活かすために

　考えるよりも、行動することを得意とします。一緒にいて楽しい人達と行動をとることで、あなた自身の力を存分に発揮することができるでしょう。

　あなたは人付き合いがうまく、たくさんの人から好かれているはずです。また、ほかの人同士の対立を解消することも得意なので、きっと仲間からの相談を受ける機会も多いでしょう。持ち前のプラス思考で、ぜひ相談に乗ってあげて下さい。

▶ 受験に向けてのアドバイス

　友達と一緒にいる時間が心地よいあまり、つい離れられなくなってしまったり、長電話をしてしまったりする傾向があります。時には、友達からの誘いを断って、勉強とのバランスをうまく保つように心掛けて下さい。

　また、やる気がある時とない時の差が大きいようです。やる気が出ない時は、目標や勉強計画を考え直して、その計画を一つ一つ達成していくことを続けていきましょう。

　五感全体を使って物事を感じ取る力が強いですね。視覚だけでなく、聴覚や触覚といった別の感覚も使って勉強すると効果が上がるでしょう。教科書や参考書の文章を目で追うだけでなく、声に出して読んだり、紙に書いてまとめたりすることを心掛けて下さい。

ABAAタイプ のあなたは……
仲間と一緒に地道な努力を続けられるまとめ役

▶ あなたはこんなタイプ

　目標を達成するための計画を立てて、その計画に基づいてコツコツと努力することができるタイプです。知識や情報を集めることに喜びを感じるでしょう。一方、効率が悪いことには我慢できずにイライラしてしまう傾向があるようです。

　グループで作業をする時には、あなた自身がまとめ役に徹すると全体がうまく進むでしょう。きっと、仲間と公平に接することができるまとめ役になれるはずです。

▶ あなたの長所を活かすために

　あなたには、高い目標に向かって努力することができる才能があります。あなたと同じように、高い向上心をもった意志の強い仲間と一緒にいると、居心地よく過ごせるでしょう。ただし、効率を重視するあまり、うまく物事が進まない時にはストレスが溜まることもあるようです。

　ほかの人を導いていきたいという気持ちが強く、自分自身を奮い立たせるように、ほかの人を盛り上げることができます。ただ、批判的になりすぎるあまり、つい無神経な言動をとってしまうことがあるので注意をして下さい。

▶ 受験に向けてのアドバイス

　自分の直感を信じて突き進んでしまうことがあるので、仲間からのアドバイスをしっかりと聞くことが大切です。志望校や受験勉強の進め方など、家族や先生の意見を聞くように普段から意識して下さい。

　あなたの状況に合わせて的確なアドバイスをしてくれる人が身近にいると、きっとあなたを成功に導いてくれるでしょう。

　直感や物事のつながりを意識して勉強を進めると、効果が上がるでしょう。何かを覚えたり理解したりする時には、大切なポイントをノートにまとめながら、全体のつながりや関連性を大切にして理解することを心掛けて下さい。

ABABタイプ のあなたは……
何でもそつなくこなせる多才なオールラウンダー

▶ あなたはこんなタイプ

　創意工夫に富んでいて、様々なことをそつなくこなすことができる器用なタイプです。ただ、少し飽きやすいところがあるため、興味のあることが次から次へと変わっていく傾向があるでしょう。

　ほかの人の言動に対して、とても敏感なようです。相手の考えていることを読み取ることで、仲間とうまくコミュニケーションをとることができるでしょう。ただし、仲間に対して遠慮なくものを言いすぎることもあるので注意して下さい。

▶ あなたの長所を活かすために

　あなたの意志で自由に動ける環境にいると、難しいことにも次々とチャレンジしていくことができるでしょう。知り合って間もない友人には、あなたの言動がよそよそしい印象を与えるかもしれません。ただ、深く付き合う仲間に対しては、あなたの内に秘めた情熱で元気を与えることができるでしょう。

　あなたが他人に与える影響よりも、他人があなたにどのような影響を与えるかということに関心があるようです。

▶ 受験に向けてのアドバイス

　勉強計画をすぐに投げ出してしまったり、問題集を途中で飽きてしまったりする傾向があります。一度決めたことは、粘り強く最後までやり遂げることを意識して下さい。そのためには、無理のない勉強計画を立てることが大切です。あなたが達成できそうな目標や勉強スケジュールをつくって、目標を一つ一つクリアしていけるとよいですね。

　直感や物事のつながりを意識して勉強を進めると、効果が上がるでしょう。何かを覚えたり理解したりする時には、大切なポイントをノートにまとめながら、全体のつながりや関連性を大切にして理解することを心掛けて下さい。

ABBAタイプ のあなたは……
熱心に仲間をまとめることができる人気者

▶ あなたはこんなタイプ

ほかの人があなたのことをどのように考えているかや、あなたに何を求めているかに対して強い関心をもっています。そのうえで、相手の気持ちに十分配慮をしながら、物事をうまく進めることができるタイプです。

社交的でアクティブな性格のため、きっとあなたは周りから人気があるでしょう。熱意があり、話し好きな一面もあり、指導者としての資質をもっているようです。

▶ あなたの長所を活かすために

人前でスピーチをしたり、グループの作業をまとめたりする場面で力を発揮します。特に、表情豊かで熱意のあるあなたの話し方は、聞いている人の心を動かすエネルギーがあります。メールや手紙のような文章よりも、電話などの言葉によるコミュニケーションのほうがあなたには合っているようです。愛想がよいことから、周りの人には「世渡りがうまい」と思われることがあるかもしれません。

▶ 受験に向けてのアドバイス

感情に左右されやすいところがありますが、現実を客観的に捉えることも大切です。勉強しても成績が伸びない時やうまくいかないことがあると、ほかの人以上に落ち込みやすい傾向があるので注意をしましょう。原因を冷静に考えて対策をとることができれば、必ず状況を打開できるはずです。

周りとの人間関係を維持することよりも、自分のしたいことを優先しなくてはいけない時もあります。友達からの誘いを断らなくてはならずに心が痛むことがあるかもしれませんが、自分のなかで優先順位をしっかりともっておくことで冷静に対処することができるはずです。

直感や物事のつながりを意識して勉強を進めると、効果が上がるでしょう。何かを覚えたり理解したりする時には、大切なポイントをノートにまとめながら、全体のつながりや関連性を大切にして理解することを心掛けて下さい。

ABBBタイプ のあなたは……
どんな困難にもエネルギッシュに立ち向かうリーダー

▶ あなたはこんなタイプ

　エネルギーに満ちあふれていて、難しい問題に対しても素早く解決策を見いだすことができるタイプです。新しいことにチャレンジしようという意欲が強く、多才な能力があるため、いろいろな場面で活躍できるでしょう。
　自分の問題だけではなく、ほかの人が抱える問題に対しても手助けしようという優しい一面もあります。人としてとても魅力的なため、周りから好かれやすい性格ですね。

▶ あなたの長所を活かすために

　あなたのエネルギッシュな性格に合うような、活き活きとした雰囲気のなかにいると心地よいでしょう。細かいルールに縛られることなく、自由に動ける環境で力を発揮しやすいはずです。
　ほかの人を理解することに優れていて、一生懸命によい人間関係を保とうとします。一人で何かをするよりは、仲間と一緒に物事を進めるほうがうまくいくでしょう。グループのなかにいる時は、リーダーとしての立場にいると力を発揮することができるはずです。

▶ 受験に向けてのアドバイス

　人とのやり取りが上手な半面、時間や情報を管理することが苦手なところがあります。効率的に時間を使ったり、受験の情報をうまく入手したりすることを普段から意識してみましょう。きっと、周りの友達にアドバイスを求めることで、あなたの苦手な部分を克服していくことができるはずです。
　直感や物事のつながりを意識して勉強を進めると、効果が上がるでしょう。何かを覚えたり理解したりする時には、大切なポイントをノートにまとめながら、全体のつながりや関連性を大切にして理解することを心掛けて下さい。

BAAAタイプ のあなたは……
現実をしっかり分析できて頼りになるまとめ役

▶ あなたはこんなタイプ

真面目で、物静かなタイプです。精神的に安定しているので、細かい点にまで注意を払いながら様々な場面で活躍することができるでしょう。

ほかの人から反対をされたり、必要以上に干渉されたりすることを気にすることなく、自分で決めたやり方に基づいて目標を達成することができます。

▶ あなたの長所を活かすために

周りにじゃまをされない状況を好むため、一人で集中できる環境に身を置くとよいでしょう。あなたの決断力があれば、物事を着実に進めていくことができます。

ただ、周りには、あなたのことを頼りにしている人がたくさんいることを忘れないで下さい。その人達と協力していけば、より大きな成功をつかむことができるはずです。

▶ 受験に向けてのアドバイス

あなたは一人で集中して勉強をすることができます。また、周りに声をかけて一緒に勉強するグループをつくっても、効率よく受験勉強を進めていくことができるでしょう。

自分のことばかりを考えてしまう時があるので、ほかの人との接し方には注意をして下さい。また、一つの方法に固執する傾向にあるようです。勉強に行き詰ったら、思い切って新しい手法を試してみることも必要です。

五感全体を使って物事を感じ取る力が強いですね。視覚だけでなく、聴覚や触覚といった別の感覚も使って勉強すると効果が上がるでしょう。教科書や参考書の文章を目で追うだけでなく、声に出して読んだり、紙に書いてまとめたりすることを心掛けて下さい。

BAABタイプ のあなたは……

鋭い分析力で一人でも進んでいける1匹オオカミ

▶ あなたはこんなタイプ

　とても親密な関係にある友達を除いて、他人に対して物静かで控えめなところがあります。物事を観察したり、分析したりすることを好むタイプです。

　論理的な考え方をすることが得意なため、ほかの人が理路整然としていない話し方をするとイライラしてしまうこともあるでしょう。チャレンジ精神はあるものの、効率が悪いことは嫌うため、必要以上の努力をすることは少ないかもしれません。

▶ あなたの長所を活かすために

　ルールや決まりに束縛されずに、自分一人で自由に行動できる環境にいるほうが力を発揮しやすいでしょう。周りの人に対する言動はとても誠実なため、仲間と協力しながら頑張っていくこともできます。

　一人で集中して物事を観察したり、事実を分析したりすることが得意のようです。ほかの人の意見を取り入れる余裕をもつことで、さらに深い観察や分析をすることができるようになるでしょう。

▶ 受験に向けてのアドバイス

　自分一人で動こうとするあまり、ほかの人の気持ちをあまり考えずに行動をとってしまうことがあるようです。知らず知らずのうちに友達や先生の言うことに反抗してしまう傾向があるため、ほかの人の意見にも耳を傾けるように意識しましょう。

　効率の悪さを嫌うあまり、根気強く取り組むことを避けることがあります。しかし、受験勉強は長く頑張り続けることが不可欠なのです。面倒だと感じても、しっかり勉強計画を立てて、粘り強く取り組んでいきましょう。

　五感全体を使って物事を感じ取る力が強いですね。視覚だけでなく、聴覚や触覚といった別の感覚も使って勉強すると効果が上がるでしょう。教科書や参考書の文章を目で追うだけでなく、声に出して読んだり、紙に書いてまとめたりすることを心掛けて下さい。

BABAタイプ のあなたは……
温かいコミュニケーションを大切にするまとめ役

▶ あなたはこんなタイプ

　穏やかな性格で、他人の気持ちを配慮することができます。また、仲間の役に立ちたいと思って行動に起こすことができるタイプなので、きっと周りから頼られる存在でしょう。

　物事を丁寧にこなすことが得意なようです。時に、要領よくこなすよりも、我慢強く物事を進めるほうがよいと考える傾向があります。そのため、新しいことを勉強する時に、ほかの人よりも時間がかかることがあるようです。

▶ あなたの長所を活かすために

　周りの人が頑張っている姿を見て、あなた自身もよい刺激を受けて頑張ることができるでしょう。何事にも一生懸命に取り組んでいる人と一緒にいることで、あなた自身も成功に近づけるはずです。

　あなたは仲間とのコミュニケーションを大切にするので、友達と約束したことは必死に守ろうと努力します。同じ志をもった人と一緒に頑張ることができれば、物事がうまく進んでいくでしょう。

▶ 受験に向けてのアドバイス

　悩みや辛いことを自分一人で抱え込みやすいタイプなので、周りの人達に対してもっとオープンに接するとよいでしょう。

　自分のペースで、物事を確実に進めようとする傾向があります。そのため、新しいことを身につける時には時間を要するかもしれません。勉強の計画を立てる時には、時間に余裕をもって下さい。時には、要領よく勉強を進めることも意識しましょう。

　五感全体を使って物事を感じ取る力が強いですね。視覚だけでなく、聴覚や触覚といった別の感覚も使って勉強すると効果が上がるでしょう。教科書や参考書の文章を目で追うだけでなく、声に出して読んだり、紙に書いてまとめたりすることを心掛けて下さい。

BABBタイプ のあなたは……
思いやりの気持ちで周りを支える縁の下の力持ち

▶ あなたはこんなタイプ

　控え目で物静かな印象をもたれることが多いですが、周りへの思いやりの気持ちを内に秘めています。誰にでもよい印象を与えようとすることはなく、自分のことを分かってくれる人のことを大切にする傾向にあるでしょう。

　周りと意見の衝突を避けようとしますが、心の中には強い信念やこだわりをもっているようです。その信念を自分のやり方で貫き通し、時間をかけてでも物事を確実にやり遂げていくタイプです。

▶ あなたの長所を活かすために

　大人数で作業をするよりも、少人数でチームワークがとれる環境で物事を進めるほうが性格に合っているようです。お互いを信頼できる環境のなかで、じっくりと丁寧に作業を進めていくことが得意でしょう。

　自分が納得できるペースで作業ができるような融通のきく環境に身を置くと、イライラすることなく過ごせるはずです。

▶ 受験に向けてのアドバイス

　周りから批判されることを、必要以上に嫌がる傾向があります。ほかの人の意見をうまく受け入れられるようになると、あなた自身の成長につながるでしょう。

　丁寧に勉強を進めようとするあまり、必要以上に時間をかけすぎてしまう傾向があるようです。入試や模試までの残り時間を意識して、効率よく受験勉強を進めるようにして下さい。

　五感全体を使って物事を感じ取る力が強いですね。視覚だけでなく、聴覚や触覚といった別の感覚も使って勉強すると効果が上がるでしょう。教科書や参考書の文章を目で追うだけでなく、声に出して読んだり、紙に書いてまとめたりすることを心掛けて下さい。

BBAAタイプ のあなたは……

自分と周りを盛り上げて成功を収めていけるリーダー

▶ あなたはこんなタイプ

　心の中に、より良い将来を実現したいという強い想いを秘めています。また、自分だけでなく、周りの人達を奮い立たせるエネルギーをもっているため、リーダーとしての素質が十分にあるでしょう。
　常に自分自身を成長させることを意識しているため、目標を次々とクリアすることで大きな成功を収められるタイプです。

▶ あなたの長所を活かすために

　決してぶれることのない強い想いと、鋭い直感力をあわせもっているため、あなた自身が周りを引っ張る場面で力を発揮することができるでしょう。
　また、悩み事やうまくいかないことがある時には、ほかの人に相談をするより、自分自身で考えて解決方法を探すほうが得意なようです。周りからあまり口出しをされない環境に身を置くとよいでしょう。

▶ 受験に向けてのアドバイス

　仲間に声をかけて一緒に勉強するグループをつくるなど、周りをうまく巻き込んで受験勉強を進めていくとよいかもしれません。ただ、あなたの言動は強い影響力があるため、周りの人達の反応に注意を払うようにして下さい。自分勝手な言動をしないように気を付けましょう。
　周りの人にアドバイスすることは好きでも、周りからのアドバイスには無関心な傾向にあります。ほかの人の意見も聞き入れる柔軟性があれば、より大きく成長していくことができるでしょう。
　直感や物事のつながりを意識して勉強を進めると、効果が上がるでしょう。何かを覚えたり理解したりする時には、大切なポイントをノートにまとめながら、全体のつながりや関連性を大切にして理解することを心掛けて下さい。

BBABタイプ のあなたは……
自分の力だけで困難を乗り越えていける1匹オオカミ

▶ あなたはこんなタイプ

　考えることが好きで、情報を分析するのが得意です。物静かで、あまり世間話は好みません。でも、決まったテーマについて議論をする時には、客観的で的確な指摘をすることができます。ただ、稀に重箱の隅をつつくような話し方になることもあるので注意をしましょう。

　知的好奇心が強く、新しい知識を身につけるのが早いでしょう。辛抱強く、何事も完璧にこなそうとする傾向があります。

▶ あなたの長所を活かすために

　作戦をしっかりと立てて、着実に乗り越えていかなければならない難しいチャレンジをする時に力を発揮します。周りと協力するよりも、自分の力でどこまでいけるのかを試してみたい傾向があるようです。

　周りに依存することなく、逆に依存されることもなく、1人で行動をできる環境のほうがあなたには向いているでしょう。

▶ 受験に向けてのアドバイス

　自分で現状の問題を捉えて、解決方法を考えることができます。塾や予備校に頼らなくても、1人で受験勉強を進めていける強さをもっているでしょう。

　感情を表現するのが苦手なため、本当に困った時は1人で悩み込まずに周りを頼ることを意識して下さい。友達が困っている時も、積極的に声をかけてあげるとよいですね。

　直感や物事のつながりを意識して勉強を進めると、効果が上がるでしょう。何かを覚えたり理解したりする時には、大切なポイントをノートにまとめながら、全体のつながりや関連性を大切にして理解することを心掛けて下さい。

BBBAタイプ のあなたは……
強い信頼関係を築いて仲間を引っ張っていくリーダー

▶ あなたはこんなタイプ

　とても真面目で、自分のなかに強い芯をもっています。ほかの人を思いやることもできるので、周りにはあなたのことを尊敬している人がたくさんいるはずです。

　鋭い直感力をもっているため、新しいひらめきが次々と湧いてくるでしょう。ほかの人が思いつかないようなアイデアを武器に、仲間を引っ張っていくリーダーとしての素質をもっています。

▶ あなたの長所を活かすために

　ほかの人のために尽くすような場面で、あなたの力は発揮されます。あなたは、お互いに深く信頼できるような、温かみのある人間関係を望む傾向にあるようです。気持ちを共有できるようになった仲間とは、長い付き合いを続けていくことができるでしょう。

　また、ほかの人の意見を聞くよりも、自分自身で考え抜いて結論を出すことを好むようです。あなた自身の考えを認めてもらえるような環境に身を置くと、イライラすることなく過ごせるはずです。

▶ 受験に向けてのアドバイス

　自分の考えや理想を追求しすぎるあまり、稀に現実とかけ離れたことをしようとする傾向があるようです。実際に起きている事実や問題を捉えて、現実的な解決方法を考えるようにしましょう。

　また、友達との信頼関係を保つことを優先して、仲間の言動が自分の価値観に合わなくても賛成してしまうことがあるかもしれません。時には、積極的に批判をしあうことも大切です。

　直感や物事のつながりを意識して勉強を進めると効果が上がるでしょう。何かを覚えたり理解したりする時には、大切なポイントをノートにまとめながら、全体のつながりや関連性を大切にして理解することを心掛けて下さい。

BBBBタイプ のあなたは……
豊かな想像力で周りを支える縁の下の力持ち

▶ あなたはこんなタイプ

　周りの人に優しく接することができて、何事にも熱心に取り組めるタイプです。ただ、物静かで口数が少ないために、親しい間柄の人以外にはあなたの性格を分かってもらえていないかもしれません。
　自分ならできるという自信と直感をもとに、大きな目標を達成していけることがあなたの強みです。自分を信じて行動することができれば、結果は自然とついてくるでしょう。

▶ あなたの長所を活かすために

　あまり感情を表に出すことはありませんが、仲間に尽くしたいという優しい気持ちをもっています。あなたが中心になって物事を進めていくよりも、ほかの人をサポートする立場にいると力を発揮しやすいでしょう。
　1人で物事に集中することを好むため、友達とのやり取りは、電話よりもメールを使うようにしてみるとストレスを溜めずに過ごせるはずです。

▶ 受験に向けてのアドバイス

　想像力が豊かなので、理想と現実を混同してしまうことがあるかもしれません。勉強計画を立てる時には、理想ではなく、実際に達成できる現実的な計画を立てるようにして下さい。完璧主義にならないように、目標は少し低めに設定することも大切です。
　あなたは、とても優しい人です。そのため、友達からの誘いを断りたい時も、なかなか断れないことがあるでしょう。時には、はっきりと「ノー」を言えるような強い意志をもつことも必要ですね。
　直感や物事のつながりを意識して勉強を進めると、効果が上がるでしょう。何かを覚えたり理解したりする時には、大切なポイントをノートにまとめながら、全体のつながりや関連性を大切にして理解することを心掛けて下さい。

付録3　1週間の勉強記録シート

	勉強時間				集中度
	予　定		結　果		
4／1（月）	21：00〜23：00	2	21：00〜21：30 22：00〜23：30	0.5 1.5	× ◎

勉強内容	メモ
【英】文法の参考書 P11〜P12 【英】英単語10個暗記 【数】黄チャート P2〜P3（5問）	記入例

あとがき

　最後まで読んでいただいて、本当にありがとうございます。すでに、本書による具体的な成果が得られた人も多いでしょう。一方、各章末のワークシートが記入できなかったり、まだ現状を変えられずにいて焦ったりしている人もいるかもしれません。でも、大丈夫です！　あなたは、「本書を読み終える」という一つの目標を達成することができたのですから。

　新しい習慣による効果が出るまでには時間がかかるものです。本書を読み返しながらコツコツと努力を続けていれば、必ずその努力は実を結ぶでしょう。ぜひ、自分の可能性を信じて下さい。

　本書は、受験を乗り越える方法を伝えるための本ではありますが、夢を叶えるために必要な心構えやテクニックも書いておきました。何度もお話ししてきたように、読んで納得しているだけではいけません。私はこれまでに様々な夢を実現してきましたが、実践の積み重ねがなければ夢のままで終わっていたと思います。あなたも具体的な行動に移すことによって、現状を少しずつ夢に近づけていきましょう。本書が、あなたにとって、人生を変えるきっかけとなる１冊になることを心から願っています。

　これから受験勉強を続けていくなかで、不安になったり、悩んだりすることもあるかもしれません。でも、あなたが志望校に合格したい気持ちが強いからこそ、不安を感じるのです。そんな時は、ぜひ私のブログにアクセスしてみて下さい。私は、下記のブログで受験生向けの応援メッセージを送り続けています。きっと、これからあなたが頑張り続けるための道標となるでしょう。

●受験生応援ブログ　やる気が出る勉強方法とサクセスシンキングで夢を叶えよう！
http://ameblo.jp/success-thinking/

　こちらのブログには、私に直接メッセージを送ることができるメールフォームを設置しています。毎日、たくさんのメッセージが届いていますが、強い想いのこもったメッセージであれば、優先的にお返事を差し上げるように努力します。また、本書をお読みいただいたあなたのために、特別に「7日間無料メール講座」をつくりました。本書の内容を復習するためのエッセンスに加えて、各章末のワークシートのPDFファイルを無料でお届けします。ぜひ、ブログにアクセスしてお申し込み下さい。

　合格までの道のりは、決して楽なものではないでしょう。もしかしたら、「これまでの人生で一番辛い」と感じる人も多いことでしょう。でも、断言します。あなたの努力は、決して嘘をつきません。また、辛い思いをすればするほど、その苦しみを乗り越えた時の喜びも大きくなります。人生で一番辛い思いをして乗り越えたその瞬間は、人生で最高の喜びを味わえる瞬間にもなるわけです。さあ、人生で最高の喜びを味わうために、輝かしい第一歩を踏み出しましょう！

　夢や目標は、自分の力だけで叶えられるものではありません。本書の出版についても、数え切れないほどたくさんの方々の支えがあって実現することができました。
　高校教師として教壇で熱弁をふるわれている海老原洋介先生、小林祐佳先生。教育現場の様子や高校生の現状を踏まえたアドバイスは、本書の随所に散りばめられています。お忙しいなか、ご指導いただきありがとうございました。

また、本書はたくさんの写真が彩りを添えてくれています。この写真の多くは、個人指導教育センター春日部教室の先生と生徒のみなさんに提供していただきました。特に、春日部教室の黒田美幸塾長には大変お世話になりました。心から感謝しています。

　本書の出版は、2008年から始めたブログがきっかけとなりました。私のブログを応援してくださる読者の皆様がいなければ、本書が日の目を見ることはなかったでしょう。また、ブログの読者からも、たくさんの写真や合格体験談を提供していただきました。いつも温かい応援をありがとうございます。
　そして、私のことを温かい目で見守りながら支えてくれる家族や、私を生んでくれた両親にも感謝をしています。本当にありがとう。
　最後になりましたが、本書の作成にご尽力いただきました武市一幸さんをはじめとする新評論の皆様には大変お世話になりました。本書に関わっていただいたすべての方に、心より御礼を申し上げます。

2012年6月

菅原　智

著者紹介

菅原　智（すがわら・さとる）

1979年生まれ。埼玉県出身。
現役生の時に第2志望の国立大学に合格するが、浪人することを決断。受験費用を捻出するために、フリーターとして働きながら独学で勉強を進める。独自の勉強法を確立した結果、偏差値が42から82に上がり、英数理で全国6位に。1年後、第1志望の東京工業大学に合格。大学・大学院に在学中、塾講師として受験指導に携わる。自宅浪人の経験から生まれた勉強計画の作り方や、学力に加えて精神力も育てる指導で、数多くの受験生を第1志望校に導く。
卒業後は、IT系講師として社会人教育に携わる。生徒からの評価が高く、顧客満足度年間日本一「Instructor of the Year」などの賞をOracle社（旧Sun Microsystems社）から4年連続で獲得。
受験生向けのブログは1日3万アクセスを記録し、人気ランキングで1位を達成（2012年1月現在）。ブログで公開した小冊子「受験に勝つための秘訣とテクニック」は、高校の授業教材としても使用された。
講師歴12年で指導した生徒は3,000人を超える。「勉強を通して、夢や目標を実現する力を身につけよう！」が指導のモットー。

●受験生応援ブログ
やる気が出る勉強方法とサクセスシンキングで夢を叶えよう！
http://ameblo.jp/success-thinking/

未来を変える受験勉強
──フリーターが独学で偏差値を「42」から「82」に上げた！──

2012年7月10日　初版第1刷発行

著　者　菅原　智
発行者　武市一幸

発行所　株式会社　新評論

電話　03(3202)7391
振替　00160-1-113487
http://www.shinhyoron.co.jp

〒169-0051
東京都新宿区西早稲田3-16-28

装丁　山田英春
印刷　フォレスト
製本　中永製本所

定価はカバーに表示してあります。
落丁・乱丁本はお取り替えします。

©菅原智　2012年

ISBN978-4-7948-0907-0
Printed in Japan

JCOPY ＜(社)出版者著作権管理機構　委託出版物＞
本書の無断複写は著作権法上での例外を除き禁じられています。複写される場合は、そのつど事前に、(社)出版者著作権管理機構（電話 03-3513-6969、FAX 03-3513-6979、e-mail: info@jcopy.or.jp）の許諾を得てください。

新評論　大学受験参考書

和田秀樹
新・受験技法　東大合格の極意

最新データ＆ウラ情報満載！"受験の神様"和田秀樹と現役東大生の徹底解析に基づく最強・最速・最新の必勝プラン！
★毎年5月GW前後新年度版発行　四六並製　350頁　1890円

東大赤門

和田秀樹
新・受験技法　医学部合格の極意

「受かるが勝ち」の志望校選択術，「残り1年」で合格圏に達する効率プラン等，最新・最強のストラテジー！
★巻末特別付録：「全国私立医学部攻略ガイド」
四六並製　256頁　2100円　ISBN978-4-7948-0767-0

樋口裕一
新　大人のための〈読む力・書く力〉トレーニング
東大・慶應の小論文入試問題は知の宝庫

この1冊で"一生モノの文章術"が身につく！2000年代後半以降の新動向を大幅加筆した最強・最新バージョン。
四六並製　244頁　1545円　ISBN978-4-7948-0796-0

松本憲和・久米真美
クイズで学ぼう！　古典文法　［基礎編］

入試対策にも，社会人の古典再入門にも！択一クイズを楽しみながら「古文を正確に読める」ようになる，実戦的・決定版文法書！
四六並製　184頁　1680円　ISBN978-4-7948-0878-3

＊表示価格は消費税（5％）込みの定価です。